The Value of Giving Up

諦めの価値

MORI Hiroshi

Soulmate 17

目次

後記・放棄不等於失去，也不是認輸

「放棄」是一種策略／只要肯動腦想，就能寫得出什麼
如果不放棄，就無法輸出／存在於世的作品，都是放棄的產物
從一開始就放棄「影響讀者」／明明已經徹底放棄人生

前言

正確的放棄，才是成功的關鍵

森博嗣

從「別放棄啊！」到「如何放棄？」

「別放棄！努力加油啊！」任誰都會毫不猶豫地用這句話激勵別人。我是很少被這麼說，不過那些「熱血」漫畫、連續劇裡，常會有人氣勢十足地說出這句話，而被這麼當頭棒喝的人也會咬緊牙關、重新振作。反正演戲嘛，就是這麼回事。

這般作法恐怕早已過時，現代人流行愛的教育，喜歡用些煽動情緒的字眼鼓動對方，像是「相信自己」、「你的能力不只這樣」等，但我是沒被這麼說過……

反正，我也不在乎這種人生連續劇。雖然我說自己沒被人說過「別放棄啊」，其實搞不好有，只是我不記得了。

話說回來，我放棄過什麼嗎？我試著思考了五秒，還是沒想到。要如何形容放棄是什麼樣的狀況呢？只是決定不做，稱不上是放棄；還是做到一半就撒手不管？總覺得不太一樣。

我也不清楚。只是，我從沒想過要寫「放棄」，也沒想過要重新思考這件事。會寫這本書，是因為委請我寫了兩本作品的精明能幹編輯，有天向我提案：「森老師，我們想請您寫一本關於如何放棄、如何轉換這種心情的書。」於是，我無奈地（或許是放棄了）完成了這本書。

精明能幹編輯是這麼說的：「大家都嘗過挫敗的滋味，隨著年紀漸長，難免會遇到無法實現夢想、必須放棄的狀況，這時該如何面對自己？也就是要如何放棄？希望能聽聽老師的觀點。」

× 面對工作，必須有「放棄」的時候

再次回顧一路走來的人生，我在工作上確實有過幾次放棄的經驗；但除了工作之外，我算是執念很深的人吧，記憶中似乎從沒放棄過什麼。這又是為什麼呢？

我首先想到的理由是，因為工作有時限。一般來說，無論何種工作都會設定期

限，在這段期間竭盡所能地做，然後隨著期限到來，只能對某些事死心，也就是放棄，交出「完成」的成果。所以面對工作要學會「放棄」，應該說必須放棄，否則一直拖拖拉拉下去，永遠擺脫不了這件工作，還會被貼上「不遵守期限的傢伙」這種標籤，失去別人對你的信賴。

此外，生活中勢必有不少機會與別人共事，尤其是有家累或要因應組織團體的要求時，往往受限於約定、習俗、原則與慣例等，一旦恣意而為就會招致反感、惹上麻煩。因此，就算自己真的很想這麼做，也必須放棄。

儘管如此，人生也不全然是這樣，至少在與別人毫不相關的時間帶，可以依照自己的想法來行動。當然，不能有犯罪行為，也必須避免造成別人的困擾，只要謹守自得其樂的範圍，任誰都沒有權利批評你。

因為是自己的時間，所以沒必要壓抑、忍耐，盡情做想做的事就對了。這時就與「放棄」無緣，因為沒有放棄的必要。不過，要是能說服自己，判斷放棄有其意義，那最好還是放棄吧。所以叫別人「千萬不要放棄」，不是很沒道理嗎？

這樣稱得上是「放棄」嗎？

關於「放棄」，我還有個感觸，那就是世人往往嘴上說「放棄」，其實根本沒有放棄，總之就是一再嚷嚷：「我已經放棄了。」

如果真的放棄了，那就不要再提啊！在心裡這麼想的我大抵都是默默聽著，因為我比較喜歡聽人怎麼說，畢竟觀察人也算是我的興趣之一。

我在聽人說話時，明白了一件事——

說自己「已經放棄了」的人，不過是放棄了「憧憬」，也就是放棄「想」這件事，這種狀況占了絕大多數。

我認為這種程度的行為不算是「放棄」。所謂「放棄」，是指作業進行到一半，判斷不得不中止；或是幾番考量後，決定不訂立縝密計畫。總之，我認為只是處在「想做什麼」的憧憬階段，稱不上是「放棄」。

也就是說，大多數嚷著「放棄」的人，都還沒到達放棄的層級，也才會總是處在「無法放棄」的狀態，內心還有所眷戀，不是嗎？

興趣沒有期限，「不放棄」也沒關係

藉此機會，我想聊聊近年來自己埋首進行的事。

那是二〇二〇年秋天的事。其實約莫十五年前，我就很想在自家庭園蓋一間小屋，恰巧那時開始流行ＤＩＹ的組合屋，雜誌也頻頻介紹這類像模型般組裝許多零件而成的商品，我於是看上了一款感覺「設計得還不錯」的涼亭式小屋。

這個念頭一直在我腦海裡盤旋著，但我同時也享受著從事各種製造工程的嗜好活動——主要是建造庭園鐵道，也就是可以搭載人的迷你鐵道；除此之外，我也製作遙控飛機、進行噴射引擎實驗，最近還做了遙控直升機。十五年來，我建造的庭園鐵道總長超過五百公尺，還製作了三十多架遙控飛機、二十架遙控直升機。

這些事都是由我獨力完成，沒有人幫忙。此外，我還要做庭園除草、清掃落葉等辛苦的體力活。一年的落葉量大概需要二十部四噸的卡車才能載完，用好幾個大鐵桶焚燒，我都是一個人處理，每天還要做很多瑣事，真的很忙，卻樂此不疲。

因為始終忙碌著，建造組合小屋的事也就一直延後。但我沒有「放棄」，還是會隨心而為地持續下去，因為興趣沒有期限。好不容易庭園鐵道工程總算告一段落，燒落葉的鐵桶也增加到了七個而提升效率，只要花原先的三分之一時間就能處理完畢。換言之，我已經藉此成功地創造出了時間。

不想放棄獨力完成

因為我訂的組合小屋是美國製商品，從下訂到運抵起碼要費時三個月左右。總重約六百公斤的組合小屋在二〇二〇年十一月運抵，但最重的組件只有約四十公斤，所以兩個大人就能合力搬運。

首先遇到的難題是組裝地板。地板是由三大塊組件構成，一塊組件重約四十公斤，所以我請了老婆大人（我讓她年輕時吃了不少苦，深感內疚，因此以下統一使用敬稱）幫忙。用起重機把組件從卡車卸下後，我們再合力把一個個組件搬運到距離三十公尺遠的工地。

依照組裝說明書，要先用螺絲釘在反面固定好三塊組件，然後再翻過來。地板是二公尺乘以三公尺大的正方形，所以拼好三塊組件後，總重量約一百二十公斤。這麼重的地板要怎麼翻過來呢？

我於是想了兩天。因為庭園在森林裡，將粗繩套在四周的大樹上，再用電動捲繩器拉的話，應該可以拉起地板的一側，順利翻面吧。問題是我得獨力進行這項作業，不能再拜託每天兩次，要花五分鐘走上三十公尺搬運組件的老婆大人幫忙了。

這方法怎麼想都很危險，因為必須先立起來才能翻面，要是立到一半倒下去就慘了。如果「放棄」想要獨力完成，那就簡單多了，只要拜託裝潢公司，請專業師傅處理就好，大概也花不了多少錢。

既然要拜託別人，打從一開始就可以拜託，但這麼一來，我就無用武之地了，因為我還是想親力親為。

✕ 放棄普通的「方法」

所以，我「放棄」了翻面的方法，另外想出一個新方法——將三塊地板組件架高，我再鑽進地板下方用螺絲釘固定。我自行打造簡易的混凝土地基，加上地面有些傾斜，只要從較低的一側爬進去就行了。我先把螺絲釘打進一半，等爬進地板下方後，再用螺絲起子拴緊。

下一道難關是立起牆壁的工程。牆壁的一塊組件重約三十公斤，高度超過二公尺，我也無法獨力完成，只好硬著頭皮情商老婆大人出借「五分鐘就好」，由兩人合力立起組件，請她撐住，我再趕緊固定好螺絲。就這樣拜託老婆大人一天幫忙十分鐘，總算順利完工。想要圓夢，就必須有所妥協。

最後一道工程是屋頂。屋頂傾斜三十度，離地超過三公尺高，我又開始思考，要如何獨自搭建屋頂。

網購最高的梯子還不到三公尺，勉強能碰到屋頂邊緣，最高處就搆不著了，所以無論如何都得登上屋頂。

起初我網購了繩梯，用這東西從另一邊攀上屋頂，但因為一手要抓著繩梯，只剩單手可以作業，根本無法打釘子，所以我又上網買了攀岩用的纜繩和道具，以及繫在腰間的安全帶，才登上屋頂施工。

明明只是蓋個屋頂，卻花了兩週才弄好，幸好沒受傷，也順利完工。

接下來只剩粉刷外牆，因為一到十二月，氣溫降至冰點，只能等到春暖花開時再進行了。

光是能夠自己組裝小屋，實現心心念念十五年的願望，就讓我深感滿足。

確認清楚要放棄什麼

就這個例子而言，或許可以說是「只要不放棄，就能實現夢想」（雖然這只是微不足道的事），但這個「夢想」是什麼？

建造小屋不是目的，小屋也不是必需品。如果真的很需要，花點錢就能馬上得到成品，所以「我獨力完成」，才是真正的目的。

問題是，一個人根本搬不動那麼重的組件，雖然我想盡可能設法獨力完成，但多少還是得妥協，請老婆大人幫忙。在這方面，我算是「放棄」了獨力完成。此外，我也得「放棄」小屋組裝說明書所寫的將地板翻面的工法，自己發想新點子。

覆蓋屋頂的材料組件約有兩百片，每一片都必須先放在地上塗抹黏著劑，再拿著登上繩梯、攀上屋頂，貼在指定的位置，我就這樣花了兩週才完成。

這項工程要是請人幫忙就簡單多了，只要下面有人塗好黏著劑，再遞給在屋頂上的人，說不定兩天就能搞定。我沒有「放棄」獨力完成，才會拖這麼久，但因為這是我的目的，也就拉長了樂在其中的體驗時間。

這裡有個很重要的問題，那就是「放棄」的對象為何？

達到目的的過程中有無數必須克服的難關，也就會有被迫放棄的時候。什麼要放棄、什麼不要放棄，如果沒有確立自己的目標，就會做出錯誤選擇。

為了實現夢想，必須有某種程度的「放棄」，當然也有絕對不能讓步的事物，能否清楚判斷非常重要，這就是「放棄的奧秘」。

成功是由「放棄」構築而成

這個道理也同樣適用於人生。

雖然成功之人大抵會說自己是「沒有放棄、努力不懈」，其實為了達到目的，都放棄了許多東西。

比方說，施行的方法就變更了好幾次，也就是放棄相信「這方法行得通」，而改用其他方法，而且這情形會一再重演。

還有許多狀況是為了專注於某項事物，而必須犧牲其他事物，這是為了一個目的而「放棄」多數的選項。

由此看來，若說成功是由「放棄」構築而成，似乎也不為過。

說得現實一點，人天生就有差別，各自具備不同的特質，只能設法讓自己的個性對人生有所助益。看到別人成功，自己就想變成那樣，幾乎都是不可能實現的。

比方說，想成為運動選手或偶像明星，任誰讀幼兒園時多少都有這樣的夢想；但升上小學後，應該就有不少人知道自己不適合而放棄了。

然而，有點才能（或是被認為很適合）的人始終無法放棄，尤其是從旁指導的人總會頻頻激勵：「不要放棄啊！」攸關勝負時則說：「絕對會贏！」「不要想著自己會輸！」

很多人就是大言不慚，盡說些不負責任的話。我是個正直的人，所以不會說這種話，也不曾對自己的孩子說過。

成功與否的取決關鍵

成功與否，絕大部分是取決於這個人的能力，亦即視才能而定，所以明瞭自己的才能十分重要。只要清楚了解自己，應該就不會招致莫大失敗，換句話說，就是會早點放棄。

順道一提，我所謂的「成功」不是什麼了不得的事蹟，還請不要誤會。除了才能之外，「運氣」也會左右人生，說得更淺白一點就是「機率」。

藉此機會，我就來寫些引導人生邁向成功的話語吧。

想要成功，就要選擇機率高一點、或是期待值高一點的事物，總歸就是如此。執著地一直賭著某個機會是沒用的，最好及早放棄。尤其是賭這回事，懂得適時收手很重要，賭輸了要馬上停手，就算贏了也別繼續。

選擇成功機率高的方法，不斷踏實努力，就是通往最高期待值的成功之路。這種事應該是書裡不用寫也知道的常識吧。

希望你看看這本書，明白如何好好放棄

那麼，光看前言所寫的內容，燃燒著「不想放棄人生」這般鬥志的人，應該會放棄讀這本書吧。

換言之，留下的就是煩惱著「如何放棄人生」的人，對吧？對這樣的人來說，或許本書的內容多少能發揮「安慰」效用。

最重要的是，無論你放棄也好、不放棄也罷，世界都不會改變。這裡所說的「世界」，包含了你的才能、所處的環境，以及機率。也就是說，你的人生條件絲毫沒有改變。

至於心情的問題是無法控制的事，所以要先捨棄所謂的精神論，正確地觀察事實，思考對自己來說什麼是有益的、什麼是無用的。光是這般客觀評價，應該就能引導你正確地「放棄」，帶來對你而言最大限度的成功。

再次提醒，這裡所說的「成功」，不是來自周遭的評價，而是你自身的滿足。

Chapter 1

不放棄，就能實現夢想嗎？

諦めなければ夢は叶うか？

人生就是要歷經無數次「選擇哪一個？」的判斷，也就是選擇「要放棄什麼？」。
為了實現夢想，必須有某種程度的「放棄」，
當然也有絕對不能讓步的事物，釐清其中差異，才能避免錯選誤判。
一旦陷入怎麼做都不順利的窘境，
不妨想想應該放棄什麼，或許就會因為選擇放棄而得到救贖。

關於「自由」的定義

「夢想」一詞的意思，近似於「人生目的」。我認為活著的目的，就是為了實現自己的夢想，我也一直抱持這樣的想法活著。

此外，我將「朝著自己描繪的夢想，一步步前進」的行為，也就是實現自己想做之事的過程與狀況，定義為「自由」。所謂自由，就是能夠照著自己所想而行動的狀態。

也就是說，「夢想＝人生目的」是必存的首要條件，而朝著這目的逐步實現的行為就是「自由」，也是一種「幸福」吧。即使人生走到一半就得落幕，這個人還是活得很自由、很幸福，夢想能否實現不是重點，邁向夢想的過程才有價值。

「真心」企望，夢想就會實現

在至今出版的多本拙作中，我一再強調：「要是真心企望，夢想就會實現。」讀到這句話的人或許就會這麼想：「是喔，那我不能放棄，也不能捨棄夢想。」想必有不少人覺得本書的書名，不就跟這項方針背道而馳嗎？我要先釐清這個誤解。

「要是企望，夢想就會實現。」這句話有個但書，就是必須補上「真心」一詞才行，亦即要「認真」期盼、「非常」希望。

只是愣愣地嘀咕著「好想過那樣的生活喔」，就顯得「希望」這個動詞缺乏力道，頂多就是「憧憬」、僅止於「想」而已，沒有付諸具體的行動。

也就是說，真心「企望」的話，應該會伴隨行動。為了接近夢想，必須採取行動，而且會不由自主地這麼做。

為了達成目的，花費自己的時間與心力，採取某些行動，而且持續不輟；這麼一來，一定能實現夢想，至少會離目的更近。只要行動，自己就會有所變化，周遭環境也會跟著改變，別人對你的評價也會不同。

而「放棄」這個動詞，就是停止這種為實現夢想所做的行為，也就由此衍生出「只要不放棄，夢想就會實現」的法則。

雖說只要不放棄，夢想就會實現，然而死亡可能先行到訪，即便如此，持續追求夢想的這一生，應該還是會像實現夢想一樣自由而幸福吧。

用抱怨為放棄找理由

話說許多人並不是「真心」企望，只是覺得「好好喔」，祈願「總有一天可以這樣」，或是在網路上嘀咕著「這是我的夢想」，卻不曾「行動」，根本和求神拜佛沒兩樣。

如果是孩子，或許還可以向周遭的大人求援，但一般來說，應該很少有人喜歡幫別人圓夢吧。這般程度的「希望」無論經過多久，都不會讓人實現夢想，也無法更接近夢想。

偏偏這種人往往會將無法圓夢的結果，歸咎於「自己不走運」、「倒楣」、「大環境不好」、「家人不諒解」、「沒錢」、「沒時間」、「景氣差」、「國家必須援助」等借助他人力量才能完成的事。

當然，抱怨、發牢騷也是人之常情，只要不造成別人的困擾就行了，畢竟這也是人生，我沒有批評的意思，請別誤會。

「放棄」的對象大略有兩種

因為很重要，所以再提一次。所謂的「放棄」，是指停止朝向目的的行為。

那麼，實際上是要「放棄」什麼呢？亦即「放棄」這個動詞的受詞為何？

就是剛剛說的「朝向目的的行為」，也就是「方法」不是嗎？簡而言之，有時這也等於放棄最根本的「目的」。而試著想想，就會發現「放棄」大略分為兩種。

一種是放棄「目的」。

說是放棄夢想也行，也就是決定斷了實現夢想的念頭。

這麼做可說是大幅轉換方向，而且只限於有正當、充分的理由時，好比基於健康方面的考量、來日無多等等。

不過，絕大多數的狀況都是因為判斷自己不可能實現，才做出這樣的決定；而且從偏差一點的角度來看，不免要承受自己最初的預測或計畫被認為太過天真的批評。當然也可能是基於環境、事態變化等理由決定放棄，於是責備自己怎麼連這種情況都沒能預測到，導致精神、心靈方面受創。可以的話，任誰都不想遇上這種方式的「放棄」。

第二種是，放棄朝向目的的「方法」。

這種情形不是阻斷了最終目的，也就是「夢想」的念頭，而是判斷採用目前的作法不可能達成目的，所以暫且放棄這個處理方式。也就是預測到若不改變方法，會很難達成目標，於是選擇相信這個預測，另外摸索新方法。

這樣的「放棄」頗為常見，以我的情形來說根本是司空見慣，每天都得放棄個幾十次，可見我有很多必須嘗試各種方法才能達成的高難度目標。

有時若中途放棄，就會化為烏有

尤其是初次挑戰的事物，若沒有做些嘗試，就不曉得方法是否適宜、合乎自己的要求，也不知道究竟能獲得多少成果。所以要先嘗試，再分析中途得到的結果，不時判斷要「以這個方式進行下去嗎？」，還是「試試別的方法呢？」。而且判斷的時間不能間隔太久，最好頻繁檢視。總之，若想放棄，趁早還是比較有利。

此外，有不少情形是做到一半就有了什麼成果，而投入的時間、金錢和心力越多，也就越捨不得讓「好不容易做出來的成果」化為烏有。

譬如，因為用這方法已經完成了一部分製作物，所以無法忍受要是換另一種方法，勢必得全數放棄。再者，大部分的工作都有很多人參與，所以進行到中途才決定「重新來過」，絕對不是輕鬆的事，畢竟人一旦著手進行，習慣了目前的作業，絕對會排斥中斷或更替。就物理上來說，這就是所謂的「慣性」，物體越重，加上速度時慣性就越大，所以光是停止這動作就要耗費莫大能量。

即使錯誤能補救，還是必須放棄

雖然方法沒錯，但按照現行進度根本無法如期達成目標，也會有這樣的情形，不是嗎？不能就此失敗，得要設法改善；為了提升速度，必須調整變革，想想從哪裡著手比較好，所以難免會有不得不放棄向來建立的機制，選擇新方法的時候。

即便方法正確、進度也沒問題，還是會有出錯的時候。人一定會犯錯，所以必須趕緊「補救」。尤其是有期限的工作，光是補救眼前的失敗就夠忙了，根本沒時間分析為何失敗、探究根本原因。其實工作上常會發生這種事，沒有出錯、一切順利的機率非常低。總之，事先準備好能夠達成目的、從容因應的計畫就對了。

補救錯誤時，必須放棄什麼。究竟是要捨棄花時間做出來的成果，一切從頭開始，還是設法修正再用呢？

前者是放棄做好的東西，後者則等同於放棄沒有半點瑕疵的完美作業。既然如期完成是優先考量，就只能隱藏失敗（瑕疵）設法改善；但若是完美主義者，即使無法如期完成，也想重新做到最好吧。然而，兩者都必須放棄什麼。

╳「計畫」是實現夢想的必要條件

人生在世，都必須不斷面對「選擇哪一個？」的判斷，也就是選擇「要放棄什麼？」。「反正就是不放棄」、「絕對不放棄」這般精神論，在此時毫無意義。為了讓事態有所進展，只能允許無數個「放棄」，不斷累積「放棄」才能往前推進。

正確的判斷建立在「正確的放棄」。所謂無法放棄的狀態，就是處於無法判斷的情況，事態也就不見進展。

當然，深思熟慮是一大前提，也就是在時間許可範圍內盡量思考。這時最重要的是不受情感左右，客觀又宏觀地長期捕捉事態現象。這麼一來，一旦決心放棄就能立刻判斷、實行。實行之後，也不要一直回顧過往，而是預測後續會遭遇到的問題，為將來做些準備。

動手做東西是我的興趣，所以我總是在創作（而且是同時做很多），也在動手做的過程中學習到很多。

工作時，我最先想到的是「要做什麼」。這時就要思考自身的條件，像是自己的能力、自己的時間、有多少資金等；雖然想做些讓自己樂在其中的事，但也要衡量能否實現。

於是，在我腦子裡便浮現了「計畫」一詞。無論工作或人生都是如此吧，何時要做些什麼？要採取什麼樣的步驟來做？面對未來，立下各種假設，決定應該前進的方向，這些都要基於自身條件考量所謂的「現實性」。計畫不是描繪憧憬，而是標記路程的地圖，一份時間排程。從「想要站上那處山頂」的憧憬開始，訂立符合現實的計畫，否則光憑憧憬而登山是很危險的事。由此可知，可以落實並安全的「計畫」是實現夢想的必要條件。

創作就是在學習「放棄」

工作也必須有計畫，即便沒有實際寫下來，也會在腦中勾勒大概。必須思考何時需要什麼，否則便無法創作；就算起初不曉得要花上多少時間，但著手進行的過程中，就會逐漸明瞭並更新計畫。

計畫最重要的事，就是判斷要捨掉什麼？要放棄什麼？這種取捨選擇在創作時尤其重要。因為創作的東西是現實的物質，只能選擇物理性的可能之道，這和只是空想截然不同。也就是說，創作是一種將夢想引進現實的行為。腦中描繪的夢想，或許只是理想，但若能具體成形，至少就是能用自己的雙手攫住的東西。換言之，「實現」就是一種必須放棄大部分「夢想」的行為。

創作經驗豐富的人，肯定曾在創作過程中飽嚐莫大的幻滅，面對不想面對的現實；也曾為了自己的能力不足，只能做出完全不符自己所想的東西而深感沮喪。

但為了持續創作，只能放棄不可能實現的夢想。正因為明白自己只能抓住伸手可及的東西，才會逐步提升能力；唯有體會過手伸得再遠也無法觸及，只有放過的經驗，才能看清現實世界。

不斷放棄，能夠實現夢想嗎？

為了得到什麼，勢必要放棄什麼，這是從事創作之人都明瞭的事吧。因為「創作」就是一點一滴捕捉住小小的現實之夢，要是沒有抱著「就算放棄也能從中獲得什麼」的心態，就很難堅持下去。

有人覺得反正無法實現，所以一開始就放棄，但這種人根本什麼都還沒做，連一步也沒前進，實在稱不上放棄。

開始著手進行什麼，卻因為失敗而放棄的人，至少到這個階段還是有所獲得，那就是自身的進化，或許下次挑戰時，就能搆到再高一點的地方。反觀一開始就放棄，等於一事無成。

這麼看來，「沒有放棄，就能實現夢想」這句話有其偏誤；「不斷放棄，才能實現夢想」反而更貼近現實。因為絕大多數的情形都是挑戰好幾次、放棄好幾次，有著這般促使自我成長的要素，才得以實現夢想。

放棄無關好壞，只是判斷的結果

因為不想失敗而躊躇不前的人，是基於「不想放棄」這個理由才在一開始就放棄，其實也就是「害怕放棄」。

可能是我們從小就被灌輸「不要輕言放棄」的觀念，因而認定放棄是不好的事，代表自己沒有深思熟慮。其實「放棄」不是什麼壞事，純粹只是判斷的結果。雖然有時為了放棄勢必要有所犧牲，但也沒什麼大不了，畢竟在任何時候都會需要放棄些什麼。

要是拘泥於「好不容易做到這個程度」或者「這是我的生存之道」之類的心態，反而危險；應該隨時保持柔軟思考、清楚掌握現況，才能做出明確的價值判斷。而這時唯一會顯現的結果就是「放棄」，所以還是乾脆地拋開「不想放棄」的情感，掙脫那些「束縛」吧。

換個方法、轉換念頭或嘗試新挑戰，並沒有那麼難。一旦判斷因失敗或誤判而必須這麼做時，「最終目標不變」就成了一股支撐自己的力量。沒有迷失目標，也就是在告訴自己「並未放棄夢想」。

夢想和目標也要時時檢視

就算是「夢想」和「目標」，也會有某些束縛，同樣需要加以審視。越接近目標，更能詳細辨識目標的全貌。事實上，很多時候我們根本不太清楚「夢想」為何，只是懵懂地朝著目的地前行，至少就我觀察到的範圍，大多數的人都是如此。

所以，要清楚了解自己設定的重要目標，並且經常審視，必要時予以修正。雖然滿足自我是第一優先考量，但細節上往往會越思考越雜亂，於是難以鎖定確切的要點。倘若只是悶著頭努力，很容易滿足於眼前構築的一切，要是陷入無法思考的狀態就不妙了，這種情況簡直與喝醉無異。

目標一旦不明確，便很容易在過程中迷失而誤判，所以一定要時時提醒自己究竟在追求什麼。

有那種又遠又大的滿足，也有又近又小的滿足，人們往往選擇比較近的一方，滿足於伸手可及的事物，而「計畫」就是為了避免這樣的情況。自古以來廣被採用的作法，是將遠大的目標拆開、分散成又近又小的目標，只要照著計畫執行，就能以更確實的方式獲取遠大的滿足。當然，這樣的計畫也必須持續修正。

別讓過往的經驗束縛自己

適當地放棄，同時不要迷失遠大的目標。若用一個字來表示這意思，那就是「道」。日本有武道、書道、花道等許多道，所有生存方式都以「道」表示，因為我們都曉得效法先人、依循自古以來的程序，是最簡單、萬無一失的作法。

然而，就算走在「道」這條路上，從踏出第一步開始，也別用「不能偏離」的想法來束縛自己。盡力朝著決定好的路前進時，也要不時停下腳步，回頭看看是否哪裡出了錯，還有沒有其他的路可走。

雖然一般人都會認為「迷惑」、「停下腳步」是「不好的事」，其實無需理會這些漂亮話。漂亮話誰都會說，即使是所謂的至理名言，也不見得總能正確地引導人生方向。最重要的是，「思考」這些話是否符合自己當下的處境。

好比前面提到的機率，是根據統計資料導出的數字。由數學算式導出的機率，準確度肯定高；但要是依照在各種情境下試行的結果所算出的數字，就可能會有誤差。換言之，以你當下的處境來預測今後發生的事，機率可就不一定準確。

比起世間的一般認知，從自身經驗導出的可能性和機率，通常可信度會更高。但過往汲取的經驗畢竟已是過去式，還是要以自己現在的情況、當下的環境來思考——不，是必須這麼思考才行。

言語這東西多是從過往催生而來，其本身也只是一種過往的記錄，雖然多少會影響今後要走的路，但不必做為一切的判斷依據。

×

「別想著失敗」是錯誤的教導

當然也有那種一針見血、讓人奉為真理的話，好比「魚與熊掌不可兼得」這句成語，就是在告訴我們「有得必有失」的道理。

不過，這道理也是視情況而定。雖然無法一次兼得，但只要花點時間，選擇適合的方法，還是有機會一舉三得。總之，重要的是別被既有的觀念或常識給束縛。

有些時候，也必須有所覺悟，不懼失敗、勇於挑戰。這絕對不是要你別去想失敗這件事。告訴人家「別想著失敗」，根本是錯誤的教導。

雖然我們有時會說：「完全沒在想這種事。」但無論遇到什麼情形，都應該充分思考。不動腦思考便無法判斷，所以「完全沒想過要放棄」的狀況其實很危險，我們應該時時假想著要放棄。

弄不清「目的為何」也很危險

如同前述，放棄是一種非常重要的態度和基本的思考方式，所以還是時時保有這個選項比較好。但這並非是要你放棄一切，因為這麼做等同於放棄活著。

別忘了，放棄是用來守護更重要事物的手段，只是我們往往弄不清「什麼是重要的事物」。

譬如好想買某個包包，一般會認為得到包包就是目的，但潛藏目的其實是為了滿足自我。那麼，最好問問自己是否只要有了包包就會覺得滿足。

此外，在自我滿足中，往往也潛藏著因為受人羨慕而覺得滿足的過程。有很多目的都成了自我滿足的源泉，而且深受他人的影響，潛藏著想被人們評價、稱讚和羨慕之類的渴望。

只要像這樣稍微想想，就能明白自己的目的為何、自己到底想做什麼。倘若沒有思考到這個層面，只是「想要那個包包」，認定它就是夢想、是目的，這樣會很危險。一旦停止思考而沉迷於這種執念，人生就容易陷入幻滅的窘境。

藉由抽象思考，看見事物本質

此處的重點，就在於把目的抽象化。

人們容易被具體事物束縛，而迷失真正的目的，這是因為現代人深信具體事物有其價值。但這是錯誤認知，事實正好相反。以前述的例子來說，人們真正看重的不是具體的「包包」，而是自我「滿足」這個抽象的目的。

腦中一旦浮現具體事物，便看不見潛藏其中的原本目的，所以應該藉由抽象思考，看見事物本質、拓展更多的路。想想除了包包以外，還有什麼東西能滿足自己？除了被人稱讚之外，還有什麼樂趣可言？藉此除去麻煩的枝枝節節。

「冷靜下來後決定放棄」，這般經驗有助於我們養成抽象、客觀的思考。越是勇於放棄的人，越能冷靜、沉穩、宏觀地看待事物。換句話說，以這樣的方式來思考，比較能夠乾脆放棄，不會那麼抗拒，而是更加積極、喜悅地選擇放棄。

這種人，就像是頓悟得道的老僧吧。

受人信賴的條件

越是抱著先入為主的期待，越是無法輕言放棄，也就容易暴衝。為了避免這種狀況，平常就要退後一步客觀思考，不要只集中於某個視角，而且要時時關注周遭的動態。

面對任何事，不會過度投入，也不會悶頭努力，而且為了能隨時馬上放棄，會不時確認是否還有別的路可走。

能夠做到這般程度的人，往往給人「沉穩」、「有膽識」、「值得信賴」的印象。

對年輕人來說，或許很難馬上做到，但不可否認，抱持著這般態度自然就能活得安穩、安心，不是嗎？

我當然也還達不到這般境地。我本來就是那種很容易一頭栽進去，就不顧周遭的人，所以必須更加自我警惕，才能避免重蹈覆轍。正因為我走過六十年以上這樣的人生，才會成為寫出這些字句的人，而且目前還在途中，接下來才是關鍵。

正因為我從小就容易有所堅持，所以我現在的座右銘是「凡事不執著」。大家都說本性難移，其實沒這回事，還是能照著自己所想的改變。

別人怎麼看待自己，一點也不重要。但對自己來說，能夠信賴、依靠自己是很有價值的事，人生這條路也會走得比較輕鬆吧。

懂得控制自我，才能活得自由

究竟要繼續堅持，還是放棄？到底哪一個重要？這種事無法一概而論，端視情況而定。但始終重要的是，要懂得控制自我。確實掌握自己身處的狀況，克制自己的情感，引導自己朝著合理、有利的方向前進。

我覺得對人類來說，「自由」是最重要的事，但只是從束縛中解放，不見得就會自由。人很容易陷入迷思、隨波逐流，所以為了得到自由，必須擴展觀點、擁有宏觀視野，也就是以神的視角觀察自己與周遭，進而控制自我。這麼一來，才可以說是真正自由了。

而需要控制的範圍，也包含了「放棄」自以為「必要」或「重要」的事物。畢竟相較於周遭存在的事物，自己能選擇的東西只有一點點，所以為了得到什麼，勢必得放棄許多。

這就像用石頭、木材雕刻佛像，要是不削除，就什麼也看不見。創作這項行為，就是同時也得捨棄許多部分的作業，這時最需要的就是懂得控制自我。

設計是「捨棄看得到的東西」

「設計」一詞的英文「design」，有著「捨棄（de）看得到的東西（sign）」的意思，「裝飾」（decoration）則不是設計。所謂的人生設計，就是在設計人生，藉由排除不需要的事物、無謂的事物，某些事物就會浮上檯面或變得更鮮明。

試著想想，人為了存活下去，犧牲許多生命，「犧牪」就是為了某個目的而選擇放棄。

藉由放棄，才能看見本質。只要看見本質，接下來就簡單多了，只需要努力伸出手去觸及就行。

什麼是人類最大的武器？

關於本章提及的「放棄」，我一直強調這不是不可為之的負面行為，也算是為「放棄」洗刷污名吧。就如我所說的，有時候，放棄反而是非常有利的決定，時時心存放棄的念頭，也是讓事態往前推進的一大助力。

一旦陷入怎麼做都不順利的窘境，不妨想想應該放棄什麼，往往就會因為選擇放棄而得到救贖。

我們很容易受制於「不能放棄」這句話，而這般迷信會把我們逼入絕境。

光是思考「該放棄什麼？」就有可能改善事態——這不是因為「放棄」，而是基於「思考」。

人類最大的武器就是「思考」的能力。為了放棄，不得不思考。而迴避思考的狀態，就是所謂「不放棄」的頑固姿態。

之所以會遭受「重大失敗」，大抵是因為不肯放棄。要是早點放棄，失敗就不會那麼嚴重；就是因為不放棄，才會加重失敗的殺傷力。我們可以從許多歷史事件中體悟到這個教訓。

要是許多人都抱著「絕不放棄」的信念而活，這世界會變得如何呢？恐怕會戰亂不休到讓人難以忍受吧。尊重對方、相互禮讓，構築和平社會，就必須「放棄」自身相關利益與情感的滿足，如此一來才能取得更重大的利益。

Chapter 2

「無法放棄」的煩惱

諦められないという悩み

有許多人都無法捨棄被他人灌輸的欲求，
但如果是自己創造的樂趣，就沒什麼好放棄，甚至從沒想過要放棄，也不會為此煩惱吧。
即便只進行到一半，還沒得出成果，也始終很開心，
無論成敗都樂在其中，每一天都很有活力，
我覺得這樣的人，才是真的活得發光發熱。

感受到人生限制的年紀

如前所述，本書的主題是由編輯提案，而不是我本身認為「這是應該思考的問題」所發想出來的。說得直白一點，我從沒思考過「放棄」這個問題，就算是在做一般的價值判斷或決定處世方針時，我也不曾意識到「放棄」。

照編輯的說法，不論男女，比起十幾、二十幾歲的自己，人一旦到了三、四十歲，就會感受到自身的臨界點；也因為看到未來的人生終站，於是開始質疑「自己再這樣下去好嗎？」，內心糾葛不已。

我覺得要再長些歲數，才能看透這種事，不過這個年紀在工作、結婚等人生大事都安定下來後，或許是會覺得人生有許多「限制」吧。

無論是在職場打拚、或要照顧家庭的人，都不得不承認自己足以發揮的可能性，遠比小時候想像的要狹隘許多。

我的兒時夢想是建造庭園鐵道

我有先前所述的這種感覺，是在三十出頭的時候。我步入婚姻、有了孩子，剛蓋好自己的房子，薪水調漲、工作還算順利，家人也很健康，一切十分順遂，可說是非常幸福的人生。

但是，我的兒時夢想卻遲遲無法實現，始終被封印著，那就是自己建造鐵道、駕駛自己製作的模型機關車。

當時我的確認為，「再這樣下去，這個夢想大概一輩子都不會實現了吧。」我倒也沒有多大的不滿，可能是因為工作比較安定了，才有心思想這種事，或是對研究工作多少覺得有點幻滅吧。

總之，那時的我為了實現夢想，開始思考要如何籌措資金。因為工作很忙，只能趁半夜兼差做自己能做的事，我就在半夜寫起從未寫過的小說，然後把作品寄給出版社，就這樣成了小說家。我用賺來的版稅買了好大一塊地，獨自花了二十年以上的時間，實現我的庭園鐵道夢想。

放棄安穩的日常

若問我在「實現夢想」的過程中放棄了什麼，那就是「日常」——放棄毫無怨言的日常生活。譬如，我先睡一個半小時，然後半夜起床花三個鐘頭寫小說，補眠三小時後再出門上班，就這樣成了習慣。雖然失去安穩的日常，有一陣子身體狀況還亮紅燈，但我從不覺得這麼做很勉強，也不覺得自己在忍耐。因為這都是為了實現夢想而做，沒對任何人提起的我暗自興奮、悄悄進行。

即便出版社決定要出版我的創作，我也沒告訴任何人。我不是為了成為小說家而寫小說，也沒多愛看小說，對於別人的讚美、羨慕也興趣缺缺。我是想在庭園建造鐵道，而創作小說只是計畫中的一環，這項工程的一部分作業。

我當上大學教授也是如此。因為在學生時代知道了研究的有趣之處，想持續這項活動，所以當了助教，也算是如願以償吧，每天都很愉快地工作。然而，從助教升格為助理教授（現今的副教授）後，有許多行政事務、學會活動要忙，我也和研究漸行漸遠，說穿了就是無法盡情做想做的事。當時，也算是公務員的教職月薪將近五十萬日圓，但我本來就沒以大學教授為志向，只是想要研究而已。

成為小說家之後，收入比教職高出幾十倍，我就兼顧著教書和寫小說，這樣做了約莫十年，判斷自己不必再工作時，就兩邊都引退了。我辭去教職，也宣布不再寫小說，不接受新工作，如今已過了十五年。現在我每天用電腦寫作三十分鐘左右，純粹是為了預防失智。

放棄和別人協力合作

由此看來，我是放棄了研究者和小說家這兩種身分。不過這兩者原本就不是我設定的目標，也不是夢想，所以稱不上是斷然「放棄」。比起這兩種工作，我從小描繪的夢想是建造自己的鐵道、製作飛機，而現在正逐一實現。況且，比起還待在職場時，現在的我總算到了可以隨心所欲享樂的年紀，因此，我算是沒有放棄任何一個兒時的夢想。

不對，似乎也不能這麼說……譬如，我國中時就放棄了要自己製造、發射人造衛星的夢想。我明白這需要一筆龐大資金，只憑一己之力無法完成，我又不擅與人共事，凡事都想獨立作業，所以早早就放棄和別人協力合作這回事。

雖然不是什麼人生諮商……

因為我是這樣的人，所以對編輯這次邀稿的主題，一時間還真沒什麼想法。於是我索性比照前例，進行若以「放棄」為主題，大家會希望森博嗣寫些什麼的意見調查。這不是什麼大規模的調查，只是請編輯找身邊認識的人填個問卷，結果收到了以下的諮商問題，我想就在此簡單回應一下。

這就有點像是所謂的人生諮商吧。我算是滿懷誠意地回答，但說不定別人會覺得我很冷淡，對我的好感度也因此下滑，反正我也不在意這種事，所以寫起來不受影響。不過，我還是會配合問題，用比較正式的口氣回應，雖然這只是遣詞用字的問題，但世人似乎很在乎……（相較於以前，最近有越來越多知識性讀物的書寫口氣都比較正式，可能收錄的是演講會的講稿吧）。

「放棄」成了一種習慣

Q：以前我會跟自己說「只要努力一定做得到」，結果往往不從己願，也就越來越提不起勁。「反正再怎麼努力也沒用」、「做了也不會成功、不會贏」，我會這樣給自己找藉口，動不動就放棄。

要怎麼做，才能戒掉不先試試看就放棄、認輸的習慣呢？看到一心努力的人，我總是冷眼嘲諷，但又很討厭什麼也不做的自己。

森：這樣不是很好嗎？我不懂有哪裡不好。之所以提不起勁，是因為確實掌握了自己和周遭的條件，對吧？

做了也沒用的事，還是一開始就放棄比較好。這其實不是放棄，而是選擇一條最適合的路，不是嗎？

問題就在於，把這種情況評判為「放棄」，而且覺得自己「一直是個輸家」，這是把重點放在跟他人的比較。換個角度看，懊惱「自己也想要努力」、希望「自己想要贏」，這才是問題所在，不是嗎？

我覺得想要努力獲勝的心情並沒有錯，但是「贏」也意味著要踢落別人，潛藏著想看別人慘敗的願望。那麼，為何非要贏過別人不可呢？是因為希望得到周遭人們的認同。

如果有自己的興趣、很清楚自己想做的事，就沒有必要贏過別人。你的問題在於沒有自己的興趣，從小習慣得到別人的認同與誇獎，所以只要早點脫離這般心態，一切就能迎刃而解，你覺得如何？

有個無法放棄的夢想

Q：我想從事研究工作，但礙於工作地點的規定，無法攻讀研究所，經濟上也不容許我毅然辭職。想到自己可能就要這樣終老一生，總覺得有點絕望。如果是森老師，會採取什麼行動呢？

森：我不是你，無法確切掌握你的情況，但我疑惑的是，這是自己無法判斷的問題嗎？這不是什麼大不了的事吧？只是要判斷自己的夢想能否實現，不是嗎？有人能比你自己做出更確切的判斷嗎？

這種時候，別人的建議能夠給你多少幫助？如果是無論如何都希望實現的夢想，辭去工作、經濟問題都是小事，不是嗎？

總之，你說這狀況讓你有點絕望，我覺得很不可思議。絕望不是那麼簡單就能到達的境地，而是試過一切方法、竭盡自己所能後，還是窒礙難行，才能說是絕望吧。

該如何面對「被別人放棄」

Q：這幾天，內人連正眼也沒瞧過我，對我的態度極為冷淡。也許是因為我沒理睬她要我做的事，或是她覺得比起跟她相處，我更看重工作吧。每次向她解釋，她總是不耐地說：「反正我已經對你不抱期望了。」要如何才能修復我們之間的關係呢？

森：老實說，我完全沒有頭緒。

你認為你們能重修舊好嗎？我覺得該放棄的是這個想法吧。

換言之，如果真心想修復關係，應該早就想盡方法努力了，所以沒有這麼做的你，難怪會問這種問題。

說不定你根本沒期待兩人重修舊好，也不覺得現在的情況有多糟，或是懷疑你的另一伴才有問題吧，我從字裡行間讀到了這樣的訊息。

也就是說，放棄的人，是你。

早早就死了這條心

Q：我向來是個不拘小節的人，面對工作也是，「做到這個程度就行了」、「這樣應該可以了」，總是速戰速決。老實說，有點「差不多先生」的感覺，可能是我本來就對工作沒太大興趣吧。

雖然這樣可以落得輕鬆，但偶爾也會覺得「那時再慎重考慮一下就好了」、「要是我再拚命些，或許就能做出更好的成果？」有著如此懊悔的時刻。看到別人鍥而不捨地有所成就，我不禁反省自己再這樣下去好嗎？於是焦慮了起來。

森：保持現狀不好嗎？只要你想著「我沒什麼好後悔的」，就會覺得很快樂，不是嗎？沒有要諷刺你的意思。

我從來沒做過讓自己後悔的事。我會肯定過往的一切，畢竟這是自己的想法、自己決定的事，不是因為誰的關係，當然也無法重新來過。

諮商問題的前半部和我的情形一模一樣，既然如此，何不用「這樣就行了」來面對一切呢？

就某種意思而言，我覺得敢說出「這樣就行了」，其實很了不起。畢竟要能覺得「這樣就行了」，並不是件容易的事。

之所以焦慮，是因為你想焦慮；之所以懊悔，是因為你想懊悔。我覺得每個人都可以成為自己想成為的人。

很快就放棄經營人際關係

Q：我是個很快就放棄經營人際關係的人，無論是工作或朋友，只要有一點不對勁或厭惡感，就會立刻拉下心裡的鐵門。結果一回神，才發現自己連個可以結伴旅行、輕鬆吃飯的朋友都沒有，怎樣才能治好我這種個性呢？

森：有必要治療嗎？我覺得放棄經營人際關係，單獨生存、自得其樂也不錯；實際上，抱持這種生活態度的人也很多。為什麼非得要跟誰一起旅行呢？為什麼一定要找誰一起吃飯呢？這種事是誰決定的？一個人是有多不堪嗎？大家都覺得，傾聽別人的意見才是該有的人生態度，但這才是在人際關係中最該拉下鐵門的時候吧。

自己的人生就這樣下去好嗎？

Q：我是個工作穩定、有家庭要照顧的四十幾歲中年人。基本上，我覺得自己的人生還滿順遂，但有時也會想著「就這樣下去好嗎？」，是不是還有其他的人生選擇？

其實我沒有什麼想做的事，或是渴望實現的想法，也不曉得自己要追求什麼，但有時就是會被遲疑的心情束縛著，感覺這種漸漸放棄的日子只會一直持續。

老師如果是我，會怎麼思考、怎麼付諸行動呢？

森：因為我不清楚你現在的狀況，所以不好說什麼。不過你會有這種期待，感覺你的狀況並不差，甚至該說是挺不錯吧。

我覺得你悲觀看待現狀非常好，珍惜這樣的心情，找到自己想做的事、感興趣的事，不也很好嗎？

總之，嘗試做些什麼吧。只要有所行動、改變視角，或許就能遇見從未發現的新事物。光是這麼想，就有了一點改變。就是因為你沒付諸行動，才會覺得自己正在漸漸放棄吧。

趁著還有時間和體力，嘗試做些什麼吧，始終如一的生活就會有所變化。

自知能力不如人時，該如何放棄？

Q：我覺得優秀的人很狡猾。他們總能輕輕鬆鬆就克服一切，不是嗎？因為他們的判斷力不一樣？資質不一樣？待人處事不一樣？大概都有吧。

有時候就是會明顯感受到自己與別人的差異，難道就只能咬牙承認自己不如別人，然後拚命努力嗎？我想知道要如何心平氣和地接受這個事實。

森：的確如你所說，能力有高低之分，但這跟「狡猾」毫無關係。對於有才能的人來說，這是稀鬆平常的事；其實不只是才能，每個人的體力和體型也有差異。身形矮小的人無法成為職業摔角手，身形高大的人無法成為馬術選手，這不是什麼需要存疑或在意的問題，而是科學事實。

因為是人，所以不能像美洲豹急速奔馳，也無法像老鷹翱翔天際，那你會覺得美洲豹和老鷹很狡猾嗎？即便同樣是人，在古代只要對方無禮，就能揮刀斬殺；生在名門世家，就等於含著金湯匙出生，你會覺得他們「狡猾」嗎？只能承認自己「能力不如別人」，問題是在於比較高低，你本來就有自己具備的能力。好比你能寫這樣的文章，應該也有一定的閱讀能力，那麼不會讀也不會寫的人，不也會覺得你很「狡猾」嗎？

所以，接受個人與環境的差異吧，無論你能否接受，這個問題一直都存在。你的問題就像是：「一定要接受今天的天氣嗎？」無法接受下雨，就只能一直待在家裡（要是你可以接受待在家裡），這樣你還會覺得接受下雨、撐傘出門，是很狡猾的事嗎？

一旦放棄，就提不起勁

Q：我覺得放棄人生也不是什麼壞事，但要是這麼做，面對一切就會提不起勁，覺得什麼都無所謂了。

休假時，就是吃飯、睡覺、上網，似乎只能這樣漫無目的地畫下人生句點。有什麼保持健全活力的訣竅呢？

森：即使提不起勁，你也還是活得好好的吧？這樣就夠了，不是嗎？這就是「放棄人生」的意思。就這樣放棄保持健全活力也挺好的，我覺得遠比放棄人生簡單多了。

「訣竅」是什麼意思？我不懂，世上有這東西嗎？我沒見過、也沒體驗過。應該是有人在吹噓吧，把它賣弄成是類似宗教的玩意兒。

我是每天不做很多事就活不下去的人，吃飯、睡覺也包括在內，但我從來不曾「提起勁」去做這些事。就算卯足了勁，也不見得特別好。就跟「訣竅」一樣，這肯定是一種信仰「提起勁」的宗教吧。

放棄結婚時的人生策略

Q：我是個三十幾歲的中年男子，從沒交過女朋友，看來也結不了婚。雖然曾積極尋覓結婚對象，卻始終不太順利，應該是我的條件不夠好吧。經濟狀況我還算過得去，只是擔心自己會孤老終生，還請老師給我建議。

森：我覺得很匪夷所思，怎麼說呢？我不懂結婚和孤獨有什麼關係。

你認為要是結婚就不會孤獨，但根據是什麼？

還有，我超喜歡孤獨，也覺得這是一種很好的狀態，但你似乎認為孤獨很糟糕，這又有什麼根據？

因為我無法理解這兩點，很難想像你到底要諮商什麼。

結婚後有很多麻煩事，像是經濟困難、自由受限等。如果排除這些缺點，還是有想一起生活的人，自然就可以結婚；但要是目前沒有這樣的人，也就不必考慮結婚的事（搞不好你現在就是這麼想）。

還有一點，即使結婚，也可能和另一伴分開（死別或離婚），在這種情況下，結婚只是讓自己更感孤單。

人面臨死亡時都是孤獨的，無一例外，古代的君王也一樣，誰都不能倖免。我覺得與其擔心孤獨，不如想想如何享受孤獨，會更實際一些。如果你想享受孤獨，或許可以考慮結婚。

對夢想妥協的時間點

Q：我有個夢想，就是要打造能夠充分享受個人嗜好的住家。但這得花費數千萬日圓，居住條件也會受限，而且很難找到可以理解的另一伴。這個夢想要是實現，我的人生就可以只為興趣而活；但在時間、金錢的重重限制下，我還沒有勇氣追求自己的興趣。我該繼續追求自己的欲望嗎？何時是放棄夢想的時機？

森：你曾為了實現夢想，做過什麼嘗試嗎？這個夢想之家的設計圖完成了嗎？有實際試算過需要多少建造經費嗎？你打算怎麼跟另一伴溝通、商量？又是憑什麼判斷對方無法理解呢？要是經費不足，也可以靠努力工作賺錢之類的諸多方法來解決，你有試過嗎？

你似乎不曉得自己該追求欲望到什麼地步，其實「追求」一事沒有規則限制，你要追求到什麼地步，也沒人有資格批評。

至少，你要是實際花了時間和心神，也認真努力過的話，便會明白「自己做到這個地步就行了」，這就是時機點。

就像登山時，一旦察覺體力已到極限，就會判斷：「沒辦法再往上爬了，下山吧。」既然不爬了，也就不必煩惱「要爬到什麼程度」、「到了什麼時機點應該放棄」。

照理說，藉由實際執行些什麼，都會更接近夢想；即使無法完全實現，也能透過「接近夢想」這樣的回饋得到小小的滿足。至少我覺得，正在接近夢想的人不會提出這種問題。

有個難以忘懷的人

Q：我一直忘不了某個喜歡過的人，我會不時去看他的社群動態，關心他過得好不好、留意他的動向。畢竟曾經被他拒絕過，事到如今也不敢有什麼妄想，但我始終惦記著他，覺得他的身影在我腦海裡揮之不去。我最幸福的時光都跟與他的回憶有關，我也討厭拿他和現在的伴侶比較。我該如何克服那麼在意他的情感呢？

森：我不懂你說的「克服」是什麼意思，要是克服不了會怎麼樣呢？現在還沒克服嗎？為什麼非得克服？現狀有哪裡不好嗎？我不懂到底有什麼問題。比方說，小時候養了一隻小狗，後來這隻狗死了，為了不忘記牠，如今還會不時看看牠的照片，拿牠和現在養的狗比較。這應該就是你說的，「覺得他的身影在腦海裡揮之不去」吧。雖然的確是如此，但就像你說的，只是「覺得」而已。這有什麼好克服的呢？珍藏這段美好的回憶不是很好嗎？

該放棄想做的工作嗎？

Q：我是二十幾歲的女子，因為想從事企劃方面的工作，才進了現在這家公司，但進來之後卻一直待在業務部。我也曾意志堅定地考慮要辭職，卻又沒把握找到比目前待遇更好、又能從事企劃的工作（可能性反而是很低吧），所以遲遲無法付諸行動。

這種感受就像是「花放在不對的地方就開不了」，眼看二十幾歲的青春時代就快結束了，很擔心自己以後會不會後悔。

森：工作這種事，不是自己可以單獨決定的，因為是建立在與他人的關係上，不可能讓所有人都滿意，我想你應該明白這道理。

我不曉得你的意志有多堅定，但為了追求夢想而判斷是否要轉職，這大概要根據機率來衡量利弊得失。

很多人都說「不想後悔」，但是再怎麼深思熟慮、慎重判斷，運氣不好時，還是會覺得自己判斷失準，但這充其量只是結果論罷了。潛在風險、機率問題都要考量在內，所以因此而後悔，就跟賭馬時後悔自己沒賭另一匹馬會贏一樣。

如果是據以判斷的素材顯然有誤，可以記取教訓，作為日後的參考基準，但已經花掉的時間就無從挽回了。機會只出現在未來，此時此刻過了就不復返，我覺得你在煩惱的是這種理所當然的事。

為了避免將來後悔，現在的你只有好好想清楚了。竭盡所能地觀察、全力以赴地思考，是你目前能做的事。只要盡力而為，即使運氣不好，也能設定好停損點，果斷放棄。

明明都這把年紀了，卻一事無成

Q：年近五十的我，工作上幾乎一事無成，毫無成就感可言，是否該盡早放棄？到底要繼續努力下去，別再庸人自擾，或是選擇其他的路比較好呢？

森：所謂的工作，就是沒有「完成這件事」便拿不到工資。如果因為工作拿到了工資，應該就是做出了成果，所以你說自己「幾乎一事無成」，恐怕是太謙虛了。

也許你是覺得自己的工作不足以向人炫耀，但我覺得工作這件事，本來就沒什麼好炫耀，人並不是為了炫耀而工作。

工作是為了取得相對報酬，而付出自身時間與勞力的行為。一旦拿到工資，就應該想成是自己「完成了某件事」。

無論做的是多麼顯眼的工作、或是得到多少人的感謝，我覺得工作就是工作，根本沒有必要拿來誇口。如果是勞心費力、或是沒有相當技能便無法完成的工作，只要拿到相對應的報酬，那就不算吃虧。無論是誰都能做、報酬微薄的工作，還是難以取代、報酬優渥的工作，都沒有哪一個更偉大、更了不起可言。

「那座橋是我蓋的喔」、「我曾經是個萬人迷呢」，就是有人會這樣炫耀自己的豐功偉業，但頂多也只是給人打扮比較稱頭的印象，無法提高本身的價值。

如果想跟人炫耀，那就參加志工之類的服務性質活動，不是更合適嗎？做些不求回報的事，至少比工作偉大一點；但如果是想得到可以向別人炫耀的回報，那就另當別論了。

與其考慮這種事，不如埋首於自己感興趣的事物，樂在其中並體會到成就感，這樣不是更好嗎？

平淡無奇、缺乏刺激的人生

Q：我是個四十幾歲的已婚男人，人生中應該不會再有「戀愛」了吧？若要追求這種感覺，勢必得有所把持，不然就會淪為「婚外情」了。我不想背叛妻子，也沒心思搞婚外情（反正我不是很有異性緣，真要搞也很難吧），只是覺得平淡無奇的人生實在很沒勁。所以最好的辦法，就是找個能讓自己投注熱情的工作或興趣，對吧？回顧一路走來的人生，興奮或燦爛的時刻實在少得可憐，想到自己可能就要這樣終老，真的會愕然失措。我始終還是掙脫不了「所謂的幸福感，就是沐浴在他人羨慕眼光中」的幻想。我知道這只會招致無謂的煩惱，也明白等到失去日常的一切，才會發現為時已晚，但無論如何就是抹煞不掉「想追求一點刺激」的心情，還請老師幫幫我。

森：這世上讓人感到興奮、燦爛的事物似乎只有一小部分，所以身在其中的你覺得自己活得很無力。再者，也是因為你覺得被別人羨慕才是幸福吧。

不過，真的是這樣嗎？

隨著年歲漸增、見識變廣，或許就會對自己的認知有所存疑。人生就是向前看，不被年輕時的「感受」硬是牽著鼻子走，往後才能活得從容。

當然，還是要選擇自己能夠認同的路，因為人生就是一切無從挽回。

要是當初和那個人結婚……

Q：我和另一半結褵超過十五年，育有兩個孩子，我卻每天想著自己為什麼會跟這個人結婚？我們倆根本不合拍，不是嗎？要是和別的女人結婚，會不會比較幸福呢？腦子裡總會浮現這般有害健康的念頭。

當時我並沒有長久交往到應該論及婚嫁的對象，所以現實中也沒什麼「如果跟那個人結婚就好了」的問題，只不過還是會想著「實在太早結婚了」。我這個人愛鑽牛角尖，總覺得「應該要怎麼樣」，而且很難取悅，雖然可能找不到什麼適合的對象，但我應該忍耐到孩子長大再離婚嗎？

森：看來你對結婚這件事抱著莫大的期待，也或者只是習慣依賴別人吧。為什麼你會認為，只能從非常有限的事物中感受到「幸福」呢？人生應該還有各種幸福，而且是只有你自己才能催生出來的幸福。家人只是人生的一小部分，你應該好好面對自己，多思考一下自己到底想做些什麼吧。

附帶一提，孩子這個家人，在人生中可說是眨眼即逝的短暫存在，和孩子相處的體驗也是獨一無二的樂趣。

如何持續對事物保持興趣？

Q：我最近不知道在想什麼，好比在看電視節目時，腦中掠過的感想總是可怕又無聊。不，應該說我最近看待任何事，不外乎就是覺得「是這樣嗎？」、「這傢伙好討厭」之類的，結果就是搞得自己挺不愉快，認為自己很不堪。反正我就是個徒長歲數、腦袋空空又頑固的老人預備軍。不管是歷史、音樂、藝術、政治、經濟，還是流行資訊，貧乏如我，可能都聊不上一分鐘吧，完全是個搭不上話題、年過半百的大叔。

我本來就不擅長學習，這也沒有辦法，見識淺薄、教養粗俗的我再怎麼努力讀書，記憶力、理解力也不若以往了。雜七雜八寫了一堆，我現在的期望就是能以「清爽」的心情，學習「有趣地看待」各種事物，「只是這樣」而已。還是我根本就做不到，乾脆放棄算了？

森：你有實際嘗試過什麼嗎？面對這一類的諮商問題時，我都會先這麼反問對方。只要嘗試些什麼、付諸行動，觀點或想法也會有所改變。什麼活力、心情、興趣等，都是會輕易出現又消失的東西，實在沒什麼大不了，與其被這種小事束縛，不如自己動腦思考，試著去做些現在能做的事。

什麼都沒做的你只煩惱著要不要「放棄」，但如果什麼都沒做，也談不上放棄。應該是當你試著做些什麼，結果卻碰壁了，才會明白「原來，這就是所謂放棄的機會」吧。

雖然你自嘲徒長歲數，但不難想像你為了生活、家人犧牲掉多少時間。所以，與其喟嘆自己「活到這把年紀了卻一事無成」，不如從現在開始試著做些什麼，如何？

如果試了還是行不通，就再試試別的吧。試了二十次還是沒用的話，就可以選擇放棄。

總之，先戒掉愛看電視的習慣吧。戒掉也是一種「行動」，會空出許多時間，可以自由地做任何事、自由地思考。其實學習是最棒的，非常建議你多多學習。

但是，不要因為「想向人炫耀」才去做，千萬別搞錯這一點。

把「忘記」誤解成了「放棄」

非常感謝大家的協助與諮商，要是回答不如您意，還請務必善用您飆升的血壓，照您自己的方式好好解決眼前的問題。

許多人對於「放棄」所抱持的煩惱，都不是「想放棄」，而是「無法放棄」，也就是有所「眷戀」，而且視線是望向過去，無法忘懷某個時刻發生的事。

不難想像，這恐怕是把「忘記」誤解成了「放棄」吧。

就像以運動為主題的連續劇中，教練常會給苦惱的選手一記當頭棒喝：「別再想這件事了！」然後又說：「別放棄啊！」忘記糟糕的事、不要放棄夢想，這種話誰都會說，但談何容易。

說到「忘記」，這又是什麼樣的行為呢？

雖然任誰都會不假思索地使用這詞語，但忘記是「能夠做到」的事嗎？至少我就無法自發性地忘記，大腦難以像電腦那樣，有個將不要的檔案丟進資源回收筒的機制。雖然很多人會說「想忘記」，但都是基於「無法忘記」才這麼說，可見大部分的人都無法憑藉自我意志行使「忘記」這個行為。

「放棄」也是一樣，或許和「忘記」頗為相近，但不是指忘記（刪除）某種情報，而是雖然記得，卻處在當時的熱情與衝勁已不再湧現的狀態。總之，我們常會使用「忘記」、「放棄」來表達情感上的變化。

然而，前一章也提過，就像我回答諮商問題時一再重申的，我使用「放棄」一詞時，是基於客觀情報，以具有邏輯性的判斷為前提，再來評估「哪個有利？哪個安全？兩者的機率為何？」，進而說出「放棄」。

✕ 過度在意周遭的眼光

情緒容易受外界影響的人，理智上明知道不必理會，但還是會「在意」、「掛心」，而且覺得難以「忘記」的自己很不堪。這種「不堪感」也並非邏輯問題，而是情感問題。

我倒覺得沒什麼好不堪的，就算被別人說我很不堪，就算我在別人眼裡就是個可憐傢伙，我也會冷冷地回應：「反正也沒什麼實質損害啊！」事實上，我不在意外界的眼光，或是別人怎麼看我，也不會想對周遭的人們說什麼「大家請放心」、

「我會讓大家開開心心的」之類的話，我只在乎自己怎麼看待自己。

我覺得這種事無關對錯，也不會勸別人要照著我做；但就我看來，至少大部分的人都沒有好好看待自己、也沒有充分思考自己的事，才會只顧著在意周遭的眼光（而且是不自覺的）。

也因為如此，我不得不提醒大家，還是多審視一下自己吧！

幻想有成功模範的存在

我還觀察到，不少人都幻想著有什麼適合今後的模範生存之道。

我們從小就從電視上、漫畫裡，反覆看到這樣的故事和情節；被媒體所推舉的「美談」也是，明顯單純化了「這就是身為人應有的姿態」。因為娛樂節目只會採用一些淺顯易懂、容易博取大眾共鳴的題材，所以勢必會變成這樣。

抱持堅毅不屈的精神，持續努力、咬牙朝著目標邁進，不管是虛構小說或真實案例，都很喜歡描寫這樣的人物形象。於是，深受歡迎、獲得周遭認同，並因此功成名就的故事，像是贏得金牌、考上名校、成為富翁、抱得美人歸、住進有泳池的豪宅等，這樣的典範便在電視螢幕上反覆地播映、出現。

然而，現實並非如此，付出同等努力也無法成功的人多不勝數，而且正因為這種人太多了，才能突顯出少數成功者的存在。

一般都會說，成功者是因為不斷努力才能成功，其實並不盡然，只是以此做為故事題材會更容易博取共鳴。

由於從小就聽聞許多這一類的成功故事，不少人都以此為目標，應該也曾相信自己有足夠的能耐。

每個人都很清楚自己的極限

×

到頭來的結果，就是很多人都不得不在中途就放棄了目標。這是任誰都無法否定的數字邏輯，畢竟當財富集中在少數人手上時，以世俗的觀點來看，這些人就是「成功者」。

那麼，問題是出在哪裡呢？那就是告訴我們「不要放棄」的這種精神論。

不得不說，這顯然是錯誤觀念，之所以沒有成功，是因為沒有放棄，而成功者只是沒有必要放棄。

此外，就算是成功者，也不可能長居此位，總有一天會風華不再，把寶座拱手讓人。所謂「成功」，不過是一時的狀態。

任誰都很清楚自己的極限，這是理所當然的事。萬事萬物皆有限，迎來顛峰後勢必會走下坡，即便心裡想著、嘴上說著「沒辦法果斷放棄」，也改變不了事態。

這樣的人，才是真的活得發光發熱

試著想想，為何「放棄」會跟消極的印象畫上等號呢？

有如鞭打奴隸般，一直告訴我們「不要放棄」的精神喊話，不就是起因嗎？

人生並非無限，個人的可能性也有限，根據自己擁有的時間與能力，就可以掌握住大致的範圍。這種事因人而異，也不能以強弱、大小來比較；即便是小事，只要自我滿足就能抓住幸福，當然也有挑戰大事卻遭遇挫折的人生。

有許多人都無法捨棄被他人灌輸的欲求，但如果是自己創造的樂趣，就沒什麼好放棄，甚至從沒想過要放棄，也不會為此煩惱吧。即便只進行到一半，還沒得出成果，也始終很開心，無論成功或失敗都樂在其中，應該每一天都很有活力。我覺得這樣的人，才是真的活得發光發熱。

總之，放棄無謂的情感，也就是煩惱，無論坐禪或瀑布修行也好，我想說的就是——全心投入一件自己真正感興趣的事吧。

雖然對於那些有自己的興趣，卻苦無時間的人來說，這根本是很無謂的建議。

Chapter 3

應該要「放棄什麼」？

何を諦めるべきか？

「放棄」這個行為無關善惡，也沒有對錯之分，

沒有什麼明確的事物是一定不能放棄、或是最好放棄的，

只能根據當下的情況，努力做出困難的判斷，這是只要活著就無法避免的事。

所以我唯一的建議是「思考」。

唯獨「靠自己動腦思考」這件事，絕對不能放棄。

放棄「人」

這一章要繼續深入探討「放棄」這個動詞的受詞，也就是要放棄什麼的問題。

我率先想到的是「人」，也就是放棄某個人。要跟他人斷絕關係——通常是跟自己有利害關係的人，這時就會使用「放棄」一詞。

人與人之間有各種關係，像是家人、情侶、朋友、工作上往來的人；此外，還有單戀、仰慕的對象，好比偶像、名人，或是思想值得尊敬的人……

究竟要放棄這個人的什麼？與他的關係？還是從他身上可以獲取的東西？或者總歸一句話，是放棄對這個人的「期待」呢？

當然，也會有放棄自己的時候，而且有不少狀況是放棄自己的才華和可能性。

放棄「問題與努力」

此外，也會有放棄解決某個問題的時候。雖然努力要解決，卻不見進展，做了一些研究，也試著探討困難的問題，但還沒解決就中途放棄了。也有不少時候，是懷疑這個問題是否真能解決（不過判斷無法解決，也是一種解決）。

解決問題會消耗時間與心力，而且往往消耗得越來越多，卻得不到半點答案。解決問題的路徑不像製作東西，會在途中就取得某些可交付的有形成果。當然，也必須判斷再這樣下去，會不會只是白花時間與心力，或是衡量要不要把這股能量用來解決其他問題。在這種情況下，放棄的時機就很重要。

另一種狀況是，為了在未來實現夢想，已經累積不少努力，也還想奮鬥下去，這時要是決定「放棄」，感覺至今為止的努力都白費了。反過來說，就是為了放棄，勢必得拋下一路以來累積的某些價值。

商品再怎麼暢銷，銷量也不可能無限飆升，而是在趨於平穩後下降；發展、成長也是一樣，總會到達某個極限，這是無一例外的真理。因此，總有一天得放棄。那麼該如何預測放棄的時機呢？這樣的觀察力與判斷力也是領導者必備的特質。

放棄「社會和大環境」

應該很少有人會去觀察那些嚷著要放棄社會、放棄環境、放棄跟人打交道，搬出此類藉口的人。這種人被形容成「厭世」，一般來說就是樂天派的對照組，總是抱持著悲觀態度。

他們認為世上已無價值可言，所以活在這種地方也毫無意義；但反過來說，這種人也等於沒找到「在這世上存在的自己」有何價值，與前面提過的「放棄自己」無異。

再者，所謂的「世上」往往僅限於自己周遭的人們，所以充其量就是對身邊的人際關係感到絕望。

或許有人放棄的是暖化越見嚴重的地球環境，但這應該不是厭世，而是對於讓經濟發展成為主軸的政治現狀感到不滿。

也有不少情形是恐攻之類的破壞行為，宣稱是放棄了社會與大環境，但我認為幾乎都是出自個人的報復心態，或許也可說是放棄了只能訴諸暴力以消解不滿情緒的這個社會。

「放棄」是「期待」的相反詞

將上述這些例子全都抽象化之後，就會明白放棄是「期待」的反面。

彼此可能因為什麼好事拉近了距離，因為什麼緣分而締結關係；一旦條件變化，當初的期待不再，就會「放棄」這段出現裂痕的關係。說得更簡單一點，「期待」的相反詞就是「放棄」。

但就像前面提過的，如果只是期待，那打消這份期待就行了。這種狀況近似於「忘記」，不是時時抱著期待，只是偶然想起，絕大部分時間應該都會忘了這回事。換句話說，這樣的「放棄」只是暫時去思考其他事，遠離「期待」的心情。

因此，倘若只是期待，也就能輕易放棄。好像在哪兒聽過這句歌詞——「放棄很簡單」，這是因為打從一開始就「只是抱著期待」，亦即在缺乏實際行動和具體成果的情況下，隨意在腦子裡想像著「要是這樣就好了」。這樣的祈願只是「期待」，隨時都能輕易放棄。

不斷累積的損害成了引爆點

「放棄」一事有點沉重，因為乘載著徒勞白費、斷念捨棄等這般重量。這些事物匯集著各種「行動」，亦即時間與心力，也就是能量。

消耗掉的能量要是沒有達成目的，就成了「損害」。這和只是放棄祈願明顯不同，而且有不少情形是在決定放棄之前，損害就一直累積。

說得直白一點，這種狀況就是不斷在累積赤字，要是放任不管，虧損就會更加嚴重，勢必得決定是否要放棄已經為這個目的投入的資金，改變投資方針。

不過也有例外的情形，就算沒有出現赤字，也可能決定放棄，好比獲利不如預期。這是以相對應的東西，也就是和期待值比較所得出的結果。

這麼一想就能理解，會為「想放棄」、「無法放棄」而煩惱，都是因為內心還保有期待。

察覺內心還抱著些許期待，或許更有助於展望自己的未來。

嚷著「放棄」，卻仍心存期待

同樣地，以不滿口氣惱火地嚷著要「放棄」的人，其實心裡也還抱著些許期待。因為不滿是出期待催生出來的，要是完全沒有期待，就不會心生不滿，也就跟「放棄」這個動詞無緣。打從一開始就不接近、不在意，應該可以馬上脫離。

那些口口聲聲說「無法放棄」的人，十之八九都依然抱著「期待」，而且往往是期待值很高，卻沒有採取相對應的處理方式（行動）。

明明只是想想、只是祈願而已，卻訴諸於「想放棄」、「想說放棄吧」、「無法放棄」之類的說法，來表達這種曖昧的心情。

然而，讓你有此曖昧心情，並因而煩躁糾結的不是別人，就是你自己吧。就這個意思來說，也就是你自己想要處在這樣的狀態。

即使不自覺地將這種自己想要維持的狀態告訴周遭的人（無意識地誇口），也是無可厚非。像這樣化為言語說出來，應該會發現一些自己沒留意到的東西吧。

比較過價值而決定放棄

再來說說另一種情況，那就是放棄耗費了許多時間與心力做出的成果，這才是真正的放棄，也最符合「放棄」一詞所對應的狀況。

在前一章的諮商單元中，符合這個標準的「放棄」案例算是少數派，但像是長久建立的婚姻、家庭，或是在工作上資歷深厚，並因此功成名就等，捨棄這些經年累月造就的成果，應該就符合「放棄」的真意。

像這樣寧可捨棄入手的一切，也想要探求新的事物，代表這個新的目標或夢想肯定深具魅力與價值，若非如此，就不會煩惱著是否應該交換。如果新事物的魅力極為強大，則根本不會猶豫是否要放棄，而是會立刻投入其中，自然也就意識不到「放棄」這回事。

有時候，放棄的行為無涉於價值高低的比較，而是要背負在道義、倫理上會承受批判的風險。如果幹的是非法勾當，風險就更大，甚至得賠上自己的人生。這時要比較的就不是利益，而是適應新價值與背負風險的損失。不過，這和比較價值是同樣的意思。

人生就是必須歷經無數次的判斷——要採用哪一個？要捨掉哪一個？總歸就是選擇「放棄」哪一個的問題。

不讓自己後悔的方法

常言道：「魚與熊掌不可兼得。」為什麼不能兩邊都要呢？這是因為有各種理由，以及不可抗力的條件，正因為無法逃離這樣的限制，所以被迫選擇。

如果不想放棄，也就是想讓自己過著得償所願的人生，避免陷入被迫選擇的立場，只有事先縝密思考，想好因應對策、擬定完美計畫。這麼一來，就需要有強大的思考力與實行力，才能造就「沒有不可能」的人生。換句話說，這就是「不想後悔」的生存之道。

當然，也有比較和緩的因應對策，好比以下的方法。

時時預測未來、盡可能設好防線，但要是思考力不夠完備，還是會遇上出其不意的情況，這時也只能面對了。所以要做好「放棄」的準備，事先擬定精神面的因應對策，簡單來說就是「覺悟」。

有充分的把握、不依賴他人，努力以自己的判斷做出選擇。這樣萬一失敗了，也不會歸咎於人，不至於怒火中燒。即便責怪自己，因為已經盡其所能，也就沒有理由後悔。所以真要懊悔或遺憾，不應該在事後，而是要在事前。也就是說，如果是在事前懊惱「此時此刻我只能盡全力做到這裡了」，事後也就不會後悔。

不是放棄過去，而是放棄未來

對未來的失敗有所覺悟，想像可能會發生的最糟狀況，這樣一來，現實就有可能比你設想的結果更好，你也能走在不後悔的人生路上。

如果要「放棄」，最好趁早放棄，先做好這種心理準備，實際上則不要放棄，試著挑戰看看，如此就能模擬碰壁時的心情，即使失敗了也能從容面對：「哎呀！果然不行啊！」

後悔懊惱、愁眉不展、情緒低落，實在是浪費時間的行為。既然有空發愁，不如用這段時間悲觀地預想未來。事前後悔除了因為有所覺悟而不會慌亂失措，也能設想到最不合己意的可能性，做好面對最糟狀況的因應準備，其實更為有利。

「反正一定會失敗吧。」這樣的事前「放棄」，由此看來是有用的，等到實際失敗後才放棄，那就太遲了。

說得好懂一點——不是放棄過去、打算放棄過去，而是要放棄未來。悲觀預測未來的好處，就是遇到任何突發狀況，至少還能保持冷靜。

不滿別人對自己的評價

本章一開頭就提到，大多數人放棄的對象果然還是人，其中又以自己或身邊親近的人居多。對於平常沒怎麼往來的人，就沒有「放棄」這個選項。

把自己當成放棄對象的人，多是放棄自己的能力、個性、容貌、資歷或是周遭的環境等。嘴上嚷著要「放棄」，但仔細一聽，其實只是很在意別人怎麼看他，簡單來說，就是放棄「不被大家認同的自己」。

反過來說，這可以看成是不滿別人對自己的評價，所以對周遭的人抱持「怨恨」的情緒。就像「沒有自信」這句話，乍看是指「自卑感」，其實是放棄得到周遭的理解。

說要放棄身邊親近的人也是如此，不同之處只在於放棄的對象是特定的某人，其實說穿了，也是因為不滿這個人對自己的評價。

總之，人類是很容易心生怨恨，不滿他人所作所為的生物，也容易將過錯歸咎於他人。所以，了解自己容易陷入這般思維，就是具備自知之明。

「指責我的人，就是敵人」？

我在寫這些內容時，不免有人會批評我，只是讀了文章就敵視我，覺得「這個作者很討厭！」，這可以說是人類才有的特質吧。

雖然這麼說有點畫蛇添足，但我只是想說明出於自卑感而怨恨他人、拒絕與人往來的心理狀態。不能說這種人「不好」，他們並沒有不好，這是很普遍的反應，而且任誰多少都有此傾向，只是有不少人會表現得特別明顯。

每個人都有缺點，但只是被指出缺點，就認定自己「遭到批評」的人，也未免太早定論了。「誇獎我的是夥伴，貶抑我的是敵人」，如此單純的反應又是出於什麼樣的心態呢？

其實這可以說是動物的本能反應，而且人人皆有，只不過成熟的大人會用理性加以壓抑。所謂的理性，就是理解自己的缺點，同時認為聽取別人的批評也是一種收穫。

在一群大人簇擁下長大的孩子

現代人最常見的症狀，似乎就是「無法放棄童年時的成長環境」。在社會持續平和的情況下，一般人都過著豐盈安穩的生活，當然也有人身處貧困的環境，但比起以往還是減少許多。

尤其在少子化現象越趨嚴重的同時，平均壽命延長、活力十足的老人家也增加了。以前老人家常掛在嘴上的一句話就是「想趕快抱孫」，希望自己活久一點；如今多的是孫子長大成人後，依然健康硬朗的祖父母，結婚與生產的平均年齡也比以往拉高不少。

以前的老人家有二、三十個孫子，一點也不稀奇。我的父母就分別來自有七個小孩和五個小孩的家庭，伯叔阿姨有二十位，堂兄弟姊妹約五十人。在孩子生得多的往昔社會，大人必須養育成群的子女。

現在則是相反，老人比小孩多，孩子們是在一群大人的簇擁養育下成長。無論公園或觀光勝地，放眼望去都是老人；就連在遊樂園裡，孩子也變少了。

我不打算探討少子化問題，其實我贊成少子化，因為減少人口是拯救地球環境的關鍵要素。雖然人口一旦急遽減少，短期內會形成失衡的少子化社會，但勢必要設法挺過這段時期，等到增加的老人也死去，失衡的問題便能化解。所以就這個意思來說，我是放棄「避免少子化」的人。

我只是有點擔心，被一群大人簇擁養育的孩子們，長大後會變得如何呢？看看現在的年輕人就知道了。

只被寵溺與讚美的年輕世代

不管是父母、祖父母、學校或鄰居，現在的孩子幾乎不曾被大人們斥罵。以前多的是「恐怖的大人」，現在則幾乎沒有，唯一令人害怕的是陌生人。

孩子們在寵溺中長大，為了討孩子歡心，大人拚命安排一場又一場的活動，忙著幫孩子們拍照，陶醉在帶給孩子希望的氛圍中。

現在的父母都會參加孩子的入學典禮、畢業典禮，運動會也要出席，在我小時候可沒有這種事。當時的大人覺得請假參加孩子們的學校活動是很離譜的事，也有不少人認為幫孩子拍照好丟臉，只有喜愛攝影的玩家才會偷偷這麼做。

全家一起參加孩子的成人式更是不可能，我當然也毫無興趣。以前聽母親說里長希望由我家來擔任成人式代表，我只是有點驚訝地哼笑，肯定是沒人想幹這份差事，才會每一戶都問問吧。

我也沒有參加大學畢業典禮，因為覺得這種活動很可笑。我只是說出自己的想法，並沒有說它不好。我有參加入學典禮，但只是穿著牛仔褲之類的平時裝扮出席，反正家父家母應該也不曉得入學典禮何時舉行吧。

所以，我從沒參加過自己孩子的幼稚園、小學、中學的任何「典禮」，也不記得孩子們曾經要求我參加。我想，老婆大人應該有出席吧（我沒問，那是她的自由），或許有拍照，但沒拿給我看就是了。

不「阿諛奉承」就不安心

恕我稍稍離題，在這種環境下長大，自然會覺得周遭的人們都在祝福自己，也認為大家一起同樂很「開心」，也很「幸福」。

這絕不是壞事，問題是這種人長大成人後，就會擔心自己融入不了社會而被排擠。簡而言之，就是成為始終無法獨立的大人，也可以說是「無法放棄美好童年的大人」。

再次聲明，我絕非要苛責現在的年輕人，也無意批判這種現象，只是道出我所觀察到的社會傾向。如果認為這不是嚴重問題，這樣也沒什麼不好的人，還請自信地生活下去。

但我覺得很重要的是，必須明白自己正受到這樣的環境所影響，也就是保持自覺。有所認知才會在必要時修正，也才可能拓展視野。

無知只會限縮自己的可能性，讓人無意識地陷入不自由的狀態；而有自知之明，至少不會造成損失。

「一年一度」真有那麼寶貴嗎？

在前一章的諮商單元中，曾有人提到想活得「發光發熱」，不難想像這個想法也是出自小時候參與的活動。比方說，現在的孩子們好像一定會舉辦生日派對，從來沒人幫我辦過這種聚會，我也沒參加過，只覺得生日有什麼好開心的呢？

同樣地，我也沒慶祝過結婚紀念日，對這些節日沒什麼特別感想。想感謝另一伴，每天心存感謝不就好了，什麼「一年只有一次」的想法，不覺得很沒道理嗎？

又好比災後復興的紀念活動，為何一年只舉行一次？為何所有人一定要在某個時間聚集在某處呢？我覺得既然有這樣的精力，用在復興工作上不是更好，有時間辦這類活動，那就先去做該做的事吧，所以我不會參加。

常有人說：「希望大家不要忘了這份傷痛的回憶。」但仔細想想，倒不如忘記比較好吧，我不懂為何要特地喚起這種回憶。要懷想的人隨時隨地都能盡情懷想，一大群人在某天聚在一起懷想有何意義？只要人多就能凝聚出什麼「力量」嗎？

我知道有人就是喜歡這種「儀式感」，所以應該尊重個人的「喜好」。自己想做什麼是個人的自由，只要不勉強別人參與就毫無問題。

從歷史上看來，「放棄」正在減少中

我放棄說服別人，也放棄自我主張。藉由放棄，可以避免紛爭、維持一定的和諧，這是我學習到的重要經驗。

另一方面，喜歡辦活動的人最愛呼朋引伴，但這反而是錯的。只有志同道合的人一起聚會，不是玩得更盡興嗎？為什麼非要所有人都參加？希望大家能放棄既定的成見，接受「人各有異」，社會才會變得更好。就像近來備受關注的權力騷擾問題，也是根源於這種不合理的觀念。

在我一路走來的人生歷程中，先是「歧視」成了一大社會問題，接著是「霸凌」，再來則是「性騷擾」等騷擾狀況，這些事在以往可是見怪不怪。

因為一般都認為泡茶是年輕女職員的工作，不少女性也就不敢奢望能有什麼友善的職場環境；同樣地，男人也不敢明目張膽地化妝或扮女裝。在更早的年代，人們甚至別想踰越自己的身分過活，等於是從出生那一刻起，人生就幾乎定調了。

就這個意思來說，往昔的人們顯然放棄了各種事物，不能做就是不能做，也只好樂觀地看開。然而，隨著科技日新月異，去除了各種制約，再加上依循民主主義的社會機制，也傾向於尊重個人的自由，如今已經成了不必放棄自己的想法也無所謂的時代。

從這樣的時代風潮看來，「放棄」往往和「不自由」這般負面印象畫上等號；相反地，「別放棄啊」倒是成了激勵的話語。我想了想，還真沒想到什麼關於「放棄吧」的歌詞，畢竟加油時一定會說：「別放棄啊！」而不是勸人「放棄」。

老人和年輕人都搞錯了放棄的對象

日本社會也經歷過戰後成長期，亦即「積極進取」的時代。一切行為都以「向上」為核心精神，舉凡「打起精神」、「加油」、「卯足幹勁」、「不要認輸」、「別回頭啊」、「奮發向上」，這類鼓舞人心的話語席捲世間。

那麼，現今的日本又如何呢？泡沫經濟是幾十年前的事了，日本社會早已遠離經濟成長的榮景，但似乎不少人還是相信有朝一日會復甦興盛，現在不過是一時停滯，依然能重現往昔的活力。

我不這麼認為。畢竟有上就有下，什麼向上是好事、往下就是壞事，這種既定觀念也很不合理。上山就一定會下山，順利下山才能讓爬山這件事畫下圓滿句點。

日本人從明治維新開始模仿西洋、發展文明，接著歷經了戰敗又再度復興，這段期間（除了大戰末期）的社會大抵都呈現蓬勃的上升趨勢，也就無法接受如今大環境持續衰退這般從未經歷過的現實。換句話說，就是無法放棄「發展」吧。

無奈現在就是明顯走下坡的時代，也因而淪為要盡可能維持上坡時代硬是構築起來的東西，勉強收拾殘局。好比人口減少就是一大要項，而處理的重點不在於計畫增加人口，而是如何使人口逐漸減少的社會有效地維持運作，這才是少子化問題的本質。

尤其是現在的老人家，腦子裡只想著「發展」，偏偏這些人又把持政權，施行各種背離現實的政策，使社會陷入更形扭曲的危險。反觀年輕人，則是本能地放棄「發展」，屈服於現實。

不過，年輕人因為還是無法放棄童年身處的環境，也就對於沒給予他們各種援助的政府深感不解與不滿。換句話說，老人和年輕人根本都搞錯了自己應該放棄的對象，整體的大環境又怎麼可能健全呢？

把典範轉移納入人生藍圖

我們究竟要放棄什麼？探究至此，莫過於就是「典範」。所謂的典範（paradigm），是指支配某個時代、領域的規範，也就是「看待、掌握事物的方法」。

這本來是科學領域的用語，好比人們深信的「天動說」被新想法所顛覆，就發生了稱為「典範轉移」（paradigm shift）的非連續性變革。

綜觀歷史，每個時代的典範明顯不同，看起來都是不連續的。而當典範轉移發生時，因為個人的價值觀並未急速改變，大多數人也就沒有察覺到如此劇烈的變化。就像世代交替需要一段時間，這樣的變化也要假以時日才會被認同。

當然，個人的意見與選擇也會影響世界和社會。就算自己放棄了既定價值觀，這些價值觀仍會持續被視為「社會常識」，不過這種小小的抵抗，確實會逐漸改變時代。

我不是要鼓吹各位成為政治家、社運人士，而是想說明將典範轉移納入自己的人生設計藍圖中，會為個人帶來莫大助益。怎麼說呢？這是因為一個人的人生涵括著現在與「某一段時代」。

或許有人認為，個人的意見與行動只是一時的產物，難以對社會造成影響，對人生來說則非如此。解讀時代、通透未來，應該到人生最後一刻都會有所助益。換句話說，改變現在的自己，就能改變人生。

我唯一的建議

本章探討的重點是思考放棄的對象為何，也就是放棄「人」、放棄「過去」，以及放棄「方法」或「方針」。

而重點就在於，沒有什麼明確的事物是一定不能放棄、或是最好放棄的，這其中也沒有什麼普遍的傾向或趨勢。

我想，不少讀者最希望知道的應該都是什麼情況該放棄、什麼時候別放棄的方法論吧。人生在世，就是不時在探尋這樣的教戰手冊。在書店尋找心理勵志、商管工作類書籍的人，八成都是在找尋引導自己前行的話語，但我想說，還是放棄這種想藉助外力達成目的的作法吧。

「放棄」這個行為無關善惡，也沒有對錯之分，只能根據當下的情況，努力做出困難的判斷，這是只要活著就無法避免的事。

所以我唯一的建議是「思考」。

唯獨「靠自己動腦思考」這件事，絕對不能放棄。就是這樣。

Chapter 4

當放棄具有價値時

諦めが価値を持つとき

不做任何努力，就沒有成敗可言。
專注處理眼前的課題，並不會有任何損失，
就算失敗，也並非徒勞無功，還是能藉由「放棄」得到什麼。
即使現今的結果仍無法實現目的，但如果持續思考、一步步踏實累積，
放棄可以說就有其價值，也會成為提升下一次成功機率的基礎。

╳「無法放棄」的情況有兩種

深為「無法放棄」而煩惱的人，分為兩種——

一種是，因為放棄會損失慘重。畢竟努力許久，一旦放棄，等於時間與心力全都白費。明明已經努力到這個地步，實在無法接受現在就要捨棄尚未完成的東西，也就心生抗拒。

另一種是，連自己也不曉得放棄的事物究竟是什麼。也就是說，什麼都還沒開始，只是依稀憧憬著某個對象、某種遙不可及的存在。因此就算放棄，失去的也只是自己的時間，甚至連失去都談不上。而且人的腦子是不可能說清醒就清醒的，所以無法忘記的結果，自然就是「無法放棄」。

前者是要放手的事物太多，所以很煩惱；後者則是要放手的事物還不很明確。

像這般想放棄，卻沒有明確事物可以放棄的情況，要比想像中來得多。不妨審視一下自己的人生吧，至少就我處理諮商的經驗，發現半數以上都是這樣的問題，實在搞不清楚當事人究竟要放棄什麼。

該「勸人放棄」，還是「勸人別放棄」？

「我想放棄那個人。」聽到這句話時我反問對方，你為他做過什麼？他回道：「沒有，只是對他有好感而已，沒有付諸行動。」雖然這麼回答很不體貼，但我實在很想告訴他：「既然如此，那就馬上放棄吧。」反正什麼也沒失去，不是嗎？

還有一個類似的諮商問題，有個一心想成為小說家的年輕人問我：「我想成為小說家卻寫不好，是否應該放棄呢？」這個年輕人從小就很愛看小說，一直夢想「成為小說家」，可是嘗試創作的他卻始終寫不出滿意的作品，所以很煩惱自己是否沒有成為小說家的才能。

其實「小說家」也可以置換成「棒球選手」、「偶像明星」或是「YouTuber」，因為很容易產生共鳴，還請各自想像一下。

我該建議他「乾脆放棄」嗎？畢竟想寫卻寫不出來，就證明了他沒有足夠的創作能力。既然沒這等才能，再怎麼努力也是枉然，不如儘早放棄、另覓目標才是聰明作法。

問題是，這建議很殘酷。畢竟還沒寫，就不會知道自己到底是不是這塊料，對吧？比方說，因為他很懂小說這塊領域，於是就把門檻（理想）設得比較高，他不是「寫不出來」，而是「寫不好」，或許多多創作就會漸入佳境。所以還是勸他「別放棄」比較好，畢竟要實現夢想，總是會伴隨些許挫折。

要是你的話，會覺得哪個意見正確呢？又會如何選擇？

人生沒有截稿日，不必急著下結論

當然，這不是哪個正確、哪個錯誤的問題，也無法用一般論來考量，因為大多數的情況都是因人而異。

有人會說，總之先試著寫完一部作品就對了；也有人會建議，既然不滿意自己寫的東西，還是立刻重寫比較好。

其實活躍於當今文壇的小說家中，有那種重質不重量的作家，也有默默地一部接一部，創作不輟的作家；前者給人藝術家的感覺，後者則有著職人氣質。正因為世上有千百種人，文化才得以不斷催生、擴展。

所以我很想告訴當事人，判斷出自己屬於哪種類型就對了，無奈就連當事人也不曉得自己是哪種類型。其實絕大多數的情況，都是同一個人會兼具這兩種類型，而且不時變化，無法輕易切割。

那麼，該如何是好呢？我的回答是——只能繼續煩惱了。

反覆放棄又嘗試，才能漸漸明白自己是哪種程度的資質、屬於什麼類型，想做什麼、又該怎麼做比較好。

這個過程需要花些時間，而且必須多方嘗試。儘管煩惱、盡量去試就對了。不必在乎要不要放棄，我的建議是：「繼續猶豫不決，磨磨蹭蹭也沒關係。」反正人生沒有截稿日，沒必要急著下結論。

認真思考是一大養分

煩惱著「是否該放棄」的人，究竟是被什麼催逼呢？

那就是「這樣煩惱是在浪費時間吧？」、「再怎麼努力還是行不通的話，不就損失大了？」之類的問題。這些問題要是擱置不管，就會變成越見龐大的赤字，所以才會焦急地想著既然要放棄，不如早點放棄。

「磨磨蹭蹭地煩惱，只是在浪費時間。」即使這麼想，但有不少情況並非「煩惱」，只是「猶豫不決」，不是嗎？所謂的煩惱，不是抱著頭擔憂，也不是賭氣地裹著棉被昏睡。

絕對不是這樣，而是思考。為了思考，必須要有資料，調查這些資料是否可行，能夠預測到什麼樣的未來，然後逐一列舉，再整理所有考察的結果……這一連串的「行為」，我將其稱為「思考」。

如此煩惱、思考的時間，絕對不會白費。只要認真思考，一定會浮現幾個好點子，就算結果得放棄什麼，這個思考過程對日後的自己來說，也是留在腦子裡的一大養分。

強烈的意念會化為行動的力量

認真思考同樣也適用於「懷抱夢想」的狀況。

若真心要實現夢想，就應該認真思考。如果停留在「啊～好想變成那樣喔」，只是嘴巴說說而已，根本不會有任何進展。一定要想想怎麼做才能實現，而且最好逐一列舉思考出來的具體方法。

如果是現在的自己無法實現的「夢想」，那就思考要如何化解這個「不可能」；若有不足之處，就思考如何補足。只是嚷著不行、不可能，這絕對不是「思考」；只是盼望、只是向神祈求，也稱不上是朝夢想邁進的「行動」。

那麼，努力實現夢想的人和只是憧憬夢想的人，到底哪裡不一樣呢？當然不是才能或環境，而是對於夢想的執著程度有所不同。從我見過的例子來看，確實只有這一點差異，那就是是否真心想做。

舉這個例子可能不太妥當，好比有人因為克制不了欲求而犯罪，記者問他為何犯罪，他於是回答：「為了錢。」或許一般人覺得他很蠢，但換個角度想，他的念頭可真強烈，而如此「強烈」的念頭，就是促使他付諸行動的「力量」。

「不要感情用事」一般來說並沒有錯，但除了違法行為或是造成他人的困擾，很多時候往往沒必要壓抑情感。順從自己的情感，試著在力之所及的範圍內盡可能採取行動，絕不是什麼壞事。

對於夢想，你試著做過什麼？

我認為「思考」也是一種行動，但不是怔怔地想，而是想像、計算、預測、比較、檢討和分析。甚至像所謂的「思考實驗」，連實驗有時也被包含在思考之內。

就像我一再強調的，藉由行動可以轉換自身立場，改變看待事物的觀點。只要一點一點地持續行動，漸漸改變視角，就能看到從未見過的東西，也能做到原本做不到的事。

所以，不該輕易放棄想要實現的事，而是要竭盡所能思考，別害怕立下目標。如果真心祈願夢想實現，自然就會這麼做，不是嗎？因為有一股無法抑制的力量會驅使著你。

「我該怎麼做才好呢？」面對這樣的諮商問題時，我之所以反問對方：「你試著做過什麼?」就是基於這個道理。如果對方答得出幾件嘗試過的事,表示他真的很希望實現夢想;相反地,要是答不出來,表示他其實沒那麼渴望。

大部分的人其實都沒那麼渴望,只是想問問別人:「該怎麼做才好?」「有沒有什麼好方法?」等。

懷抱著強烈渴望的人,才不會問這種事。他們覺得與其問別人,不如親身嘗試;而且嘗試之後,就會更想知道箇中細節,也就不會問些空泛問題。

鎖定問題,聚焦夢想

我還在大學任教時,曾開放讓所有學生提問,並依照提問內容來打分數,這麼做也是基於上述理由。深入理解事物的人,絕對不會敷衍提問,因為腦子裡盤踞著更具體、更細節的問題,換句話說,他們會鎖定值得思考的要點。能夠聚焦於要點的人,就算沒有別人的建議,也會自行解決問題。

再者,對於「放棄的對象」聚焦到什麼程度,也是諮商時考量是否該放棄的一大要素。

像那種只是突然想起某件事，便隨口詢問「是否該放棄比較好」的人，等於尚未鎖定放棄的對象，所以談不上是「放棄」，投入的時間與心力也還不到需要考慮放棄的地步。

這種人根本沒有必要放棄，就算放棄也沒什麼損失，不如就這樣磨蹭下去吧。搞不好哪天真的遇見自己感興趣的事物而沉醉其中，也就忘了「是否該放棄」的煩惱，所以即使不放棄，也沒有任何影響。

其實，有時候當我們覺得「還是多想一下比較好」，或是被問到有什麼需要諮商的事，結果硬擠出來的，都是些再老掉牙不過的問題。

不是要諮商，而是想溝通

我發現想找人諮商問題的人，多是出自這樣的心態——想拿老照片給別人看，想讓別人知道自己的陳年往事，希望別人多少瞭解自己一點。

這種人一旦被勸說「放棄」，就會嘆氣地說聲「也是啦」；要是別人勸他「沒必要放棄吧」，他則會微笑地回應：「嗯，我再努力看看吧。」說穿了，他們只是想跟人溝通而已，所以無論別人說什麼，都不會受到影響，應該也不會有任何改變吧。這種人的煩惱只是暫時性，甚至連『煩惱』也稱不上。

這樣也沒什麼不好，而且十分普遍，反正通常不是什麼嚴重的問題，也不可能成為人生的轉捩點，講得不好聽一點，根本就是「小題大作」。但人類本來就是互相依賴、一起生活，所以硬要美言一下的話，這種「小題大作」的行為算是一種「潤滑劑」，也可以說是讓人「會心一笑」的小趣味吧。

你體驗過真正的「放棄」嗎？

向別人訴說自己的過去時，要是說自己「已經放棄了」，往往還沒放棄；如果說自己「無法放棄」，通常都是正在放棄，表現的方式就是如此曖昧。

因為沒有付諸行動，只是表現出瞬間的態度，所以這裡的放棄等於是「忘記」的意思。而通常說「忘了」的人，其實百分之百沒忘；說「忘不了」的人，則幾乎忘得一乾二淨。

那麼，如何才能體驗到真正的「放棄」呢？當然得先朝著目的一步步努力，逐漸累積成果，這麼一來，才能初次進入談得上「放棄」的狀態。這是一種苦澀的選擇，畢竟自己辛苦構築的一切化為「烏有」，實在是很痛苦的事，說是「犧牲」也不為過。

你體驗過這種真正的「放棄」嗎？

傷口不是說放棄就能放棄

有些情形是毫無機會判斷要不要放棄，只能被迫放棄，好比親近之人離世。畢竟是自己花了很長時間投注情感的對象，因此最愛之人離世，可以說是想要放棄也無法放棄的體驗。

不過，這個例子並不在本書提及的「放棄」範疇。為什麼呢？因為這件事沒有「判斷」要不要放棄的空間。

這種突然失去的痛苦，往往會在內心留下長久的傷口，但並非是放棄與否的問題。坦白說，就算不放棄也沒關係，一直放在心裡，帶著這個傷口過活，也不會有所妨礙；或許有人會說「不曉得如何整理」，但這也不是可以整理的東西。

也有人始終走不出來，因而無法專注於眼前該做的事，這又是另一個問題，而且這種情形也不適用於「放棄」一詞。

我再重複一遍，不放棄也沒關係。就這樣慢慢療傷，漸漸地面對生活與工作就行了。這就跟「傷口」一樣，傷口不是說放棄就能放棄，只能等待它自然治癒，或是藉由復健而回歸正常生活。

宛如啟動核彈的重大放棄

接著要論述的是，決定「放棄」自己構築出來的成果。這時的「放棄」是非常緊張，又令人情緒高漲的狀況，尤其是投注大量時間與心力的對象，更會成為重大轉機。

以我的例子來說，我曾在研究活動上做過好幾次這樣的「放棄」，而且感覺非常好；但就算我說明得再具體，大家也難以領會，卻又找不到適切的比喻。總之，這種感覺好比按下了啟動核彈的按鈕（顯然有點誇大就是了）。

也就是說，明知做這個決定會伴隨莫大犧牲，還是決定按下去。當然，我不是總統，也不想負這種責任，但決定「放棄」時，會心跳加速，而且越來越緊張。我清楚記得自己從沒這麼緊張過，就連當年向老婆大人求婚也不至於這樣（這是不能說的秘密）。啊啊，我心想這就是人生的轉捩點啊！

不過，這種經驗會隨著次數增加而逐漸習慣，即便犧牲比之前來得大，還是更容易順利決定（放棄），畢竟任何事件都是一種經驗。

至於為什麼會越來越習慣呢？這是因為就算失敗，也並非徒勞無功，還是能藉由「放棄」得到什麼。當然，經過比較而藉由放棄換來的東西，往往會成為日後邁向成功的關鍵，不斷累積這樣的經驗，也有助於緩和內心受到的衝擊。

即使放棄，還是有所累積

放棄不是壞事，當然也並非不幸，所做的犧牲越大，對新選擇的期待也越高，有預感那麼做是值得的，也會更好。是這樣的預感與期待，促使自己放棄累積至今的一切、捨掉既有的成果。正因為能夠兩相評比，所以才會迷惘，也才需要花上一點時間來決定「放棄」。

雖然放棄舊有的作法，但不表示它就此消失，總有一天還是可以回頭沿用，一般人應該都是這麼想吧。

但研究可是隨著時間不斷推進，一旦放棄既有的成果、轉換新跑道時，就得投注所有時間與心力，才會知道此法是否可行。兩者不能得兼，這就是研究的嚴酷之處，而且通常都得花上好幾年。

總之，先發想新對策、新方法，這不會太花時間，只是出於某個契機，腦子裡突然迸出想法，所以也不用付出心力，所謂的靈感就是這麼回事。不過，為了解決問題而悶頭苦思，到頭來還是會有總算苦盡甘來的感覺。

至於靈感能否具體成形，順利的話，應該有一半的機會吧。如果成功機率是百分之五十，對研究來說就是「Go Sign（繼續前進吧）」的肯定指示。

基本上，只有研究者才會遇上這樣的判斷情境，因為沒有前例可循，無法事先調查相關資料，也難以向別人尋求建議，只能親身實踐，依靠自己的直覺。

而且在過程中，不免會反覆擺盪於「似乎可行」和「可能會失敗」之間，研究領域就是這樣的世界。一旦冒出「可能會失敗」的警訊，只要想到新方法，便極有可能「放棄」之前的作法。

不過，隨著這樣的經驗持續累積，失敗的結果也有可能在別的地方發揮效用，雖然這種例子不多就是了。

或者，就算研究本身失敗，同樣的方法也可能催生新的知識與技能，例如實驗方法等可以運用於其他事物，而且因為已經熟悉操作方式，也會提高作業效率。即使失敗、放棄，人們也能從中累積新知，只不過通常都是十幾、二十幾年後才會這麼想。

持續踏實努力，放棄就有其價值

如果將以上敘述以抽象化的方式解釋，「放棄」是與將來的利益有關，而放棄的事物則是花費相當時間與心力構築出來的東西。

即便結果是無法實現目的的失敗之作，但如果持續思考、一步步踏實累積，「放棄」可以說就有其價值，也會成為提升下一次成功機率的基礎。

說得更簡單一點，就是專注處理眼前的課題，並不會有任何損失。

只要構築出無法輕易放棄的東西，即使必須放棄，損害也不會太大。這樣一想，就覺得失敗沒什麼好怕，什麼事都能嘗試，不是嗎？

不做任何努力，就沒有成敗可言。誠實活著、付出努力的人，就算失敗也不至於墜入谷底，即使沒有達成目標，也會留下某些成果。

不停寫，每天寫，一直寫

接著請大家想想，那些還沒努力就猶豫著「是否要放棄」的人。他們極度害怕失敗，所以遲遲無法付諸行動，前面提到的那個立志成為小說家並因此煩惱的年輕人就是一例。他覺得「自己寫不好」而踩剎車，但他要是現在每天都埋首創作，應該就沒這煩惱了。

到頭來我能給的建議，就是不停寫，每天寫，一直寫就對了。

有個立志成為小說家的人這麼寫過：「先寫個二十部長篇作品，再來煩惱自己寫不好吧。」

當然，這對完美主義者來說很難做到吧。既然那麼想寫出一篇完美的作品，何不逼自己至少寫出三篇像樣的作品呢？真要煩惱，就等寫出來再煩惱吧。

工作上的取捨是家常便飯

再以比較容易想像的工作來舉例吧，像是事情做到一半，卻發現不太對勁。對我這種迷糊傢伙來說，這根本是家常便飯，每天總要失敗個五次左右，而且失敗一次，往往會讓我過去五天來的努力全都付之一炬。因為經常發生這種事，我也就見怪不怪，不會因此沮喪。反正我從小就喜歡動手做各種東西，所以這麼一點失敗動搖不了我，頂多就是苦笑地說：「啊，又搞砸了。」

然後，我會馬上思考對策，是要一切重來？還是回想有哪個步驟出錯？或者就現況設法補救（像是堵住鑽好的洞，或是接上切掉的部分）？反正沒有誰會看到，就這樣擱著算了，或是沒興致了決定暫時停手等，有著各種選項。

如果以必須花費的時間與心力來考量，就此打住是最好的選擇；但若以完成度或滿足度來說，重製反而是絕佳選項。不管決定如何，都必須放棄什麼。究竟要放棄作品的品質，還是放棄時間與心力從頭來過呢？製作東西的過程中，這樣的判斷會頻頻出現，如果是相當瑣碎的選擇，一小時之內出現好幾次也不足為奇。

一切重來能有好結果嗎？

如果是工作，就會有完成期限，也會有協力合作的夥伴關係。而且有不少情況是由領導者來判斷，實行者只要照著領導者的指示處理，算是頗為輕鬆。領導者尋求工作成果，實行者則是以時間換取金錢，按照指示處理，不必擔負責任。如果個人的興趣也是工作，亦即實行者也是領導者，有時候就會為了決策而動搖遲疑。

此外，即便選擇補救某個選項，有時候也會突然改變念頭，覺得還是從頭來過比較妥當，所以難免會困惑、糾結，況且在重做的過程中，也可能發現新錯誤。

身為實行者、也是領導者的我，根據長久累積的經驗，發現絕大部分的情況都是從頭來過比較會有好結果。

好比花了五天才完成的東西砸鍋了，但因為已經做過一遍，重做時只花了三天就搞定；若是相同的作業程序，也因為比較熟練，重製的成品會更理想。這就是所謂的經驗談，也可以說是藉由選擇「放棄」所獲得的技能。

順道一提，決定放棄、捨棄的部分或許也能運用在完全不同的地方，所以想像這種可能性並進行分類、管理，也是另一項可以學習的技能。

工作中人與人的連結

自己獨立作業時，放棄的是自己做的東西，也就是所謂的失敗作（通常失敗的是一部分，而不是全部）。那麼，如果是一大群人協力製作，又會如何呢？

雖然我主張交給領導者判斷，但我其實沒有這種經驗，因為我不曾和一大群人一起工作。我除了是領薪水的研究者，只做過寫散文、小說的工作，沒有和別人進行團體作業的經驗。其實說穿了，我就是無法接受和眾人一起做些什麼的型態，才選擇這樣的職業，就這個意思來說，我一開始就放棄了「和別人協調」。

一般來說，「工作」等同於「和一群人同步行動」，大多數人應該也是這麼認為。一群人執行相同作業的並列式工作型態，近來似乎不太常見，但自己份內的工作完成後，就交由他人繼續接手的直列式共同作業，則十分普遍。

至於書寫小說或散文的工作型態，是以自己為起點，一切由自己開始，但還是有編輯、校稿人員等著接手原稿，後續也要印刷、裝訂，再把書送到書店。只不過，就算有某位作家沒做事，出版社也還有其他許多工作同時進行，所以不會特別給誰造成莫大損害，頂多就是讓人蹙眉、傷腦筋而已。

放棄人際關係，窩在森林裡

大多數的工作都是誰的進度慢了，就會造成別人莫大的困擾，亦即人與人之間的關連性很強。當然，一般都有替代人選待命，要是原本的工作者不克完成，就會委託給其他勝任這份工作的人。其實很少有工作是非得某個人才能勝任，通常都會建構起萬一有人出狀況，也絕對不會影響整體運作的機制。

我無法適應這種共同作業的型態，因為我很討厭等人，也不喜歡讓別人等，總覺得這是莫大的壓力。為了避免陷入這種處境，我逐漸放棄人際關係，一路整理下來的結果，就成了我現在的狀態。

我現在住在森林裡，擁有約二千坪的庭園，可以在這片廣大腹地上鋪設自己的鐵道，愛犬們也能在此嬉戲。四周沒有柵欄，放眼望去不是森林就是草原，我會在草原上玩遙控飛機。說到遙控飛機，得在比棒球場大十倍以上的地方玩才安全，而且附近不能有民宅、鐵路、電線等。我現在還迷上噴射引擎，常在我家附近進行測試，噪音轟鳴到五十公尺外都聽得到，幸好這個環境不會對鄰居造成困擾。

方圓百里內除了我家之外，還有一戶人家，不過很少碰到他們兩位，想聯絡時不是發mail就是打電話。他們跟我一樣也是喜歡獨來獨往，沒看過他們出門，也不見有人造訪。

常聽到有人說起「家人的理解」，到底要理解什麼？我實在不懂。我有理解家人嗎？家人有理解我嗎？老實說，我覺得這跟個人自由毫無關係。對喜歡跟人打交道的人來說，做這種事很享受，但也要對方有興趣才行，想想還真是不自由啊。

與人打交道是「無可奈何」的事

我在大學做研究時，必須指導大學生與研究生，還得和許多人一起從事實驗等各種工作，這些都是不得不做的事，所以我選擇放棄。對我來說，與人打交道的行為是一個人做不來的事，所以屬於「無可奈何」的選項。

我很感謝一起共事的人，他們都很好相處。我只是想到對方或許也是出於「無奈」而跟我往來，於是心懷歉疚，所以會盡可能尊重對方，努力讓對方覺得自在。

我從沒斥責過學生，頂多是提醒他們注意自己的言行，讓他們察覺到危險性。

我可能也會生氣，但不會把情緒發洩在學生身上。若覺得自己實在跟對方合不來，也只有遠離一途。我覺得再也沒有比保持友善距離更穩妥的方法了。

就算覺得對方是個「讓人傷腦筋的傢伙」，但因為工作上有往來，還是必須忍耐。畢竟工作就是為了賺取薪資，期待能從中得到樂趣、意義，或是對自己有所助益，原本就不算合理，而薪資就是在忍耐、承受壓力後所取得的回報。

我因為寫小說意外賺到一大筆錢，就算沒有教職這份薪水，也不必煩惱生計，但我還是繼續做了十年才辭掉大學的工作。畢竟從事研究多少還是讓我覺得有趣又有成就感，而且要是我辭職，也可能造成大家的困擾。不過，我還是決定在一切都處理妥當後就辭職。

至於研究工作，我則是放棄必須由眾人合作的主題。自己一個人做，隨時隨地都可能進行，也沒有理由放棄，所以現在我手邊還是有許多持續在做的研究項目。

不跟他人比較的教育方式

我接受委託寫這本書時，曾經稍稍回想自己一直以來放棄過什麼，結果只想到「經過選擇，決定割捨」這種方式的「放棄」。至少就我有記憶以來，從未放棄過自己想做的事。

從孩子變成大人的過程中，任誰都是逐漸認識到自己的各種可能性，所以在某個時間點必須放棄某種東西吧。我小時候很愛打棒球，卻沒想過要成為棒球選手，應該是在某個時間點（大概是小學低年級）放棄了，但已經想不起來是什麼時候。

要說我這個人有什麼特別之處，就是幾乎不會期待別人對我的評價吧。因為被太多人問過為什麼會這樣，所以我只好試著思索，可能是受到家父的影響。

「不必在意別人的眼光」、「不要總是想著贏」，家父這麼教導我，告訴我一味和別人比較毫無價值，賽跑跑第一也很沒意義。他從幼兒園時期就是這麼教導我，這也就漸漸成為我待人處事的方針。

家母的教育方針則恰恰相反，她總是教導我「別認輸」，但我認為理論上家父的教導才是正確的。

我對自己的孩子們，倒是什麼也沒教導，讓他們自由發展。不過據我的觀察，他們的價值觀跟我差不多，所以感覺他們是耳濡目染地受我影響。我可以說是徹底放棄了所謂的教育吧。說得婉轉一點，就是對教育「不抱任何期待」。

只是期待，並不代表支持與愛

我對自己的孩子們不抱期待，對於所謂的家人也不抱期待。雖然結了婚，我對於另一伴，也就是老婆大人同樣不抱期待，而且是打從一開始就不期待，老婆大人對我大概也是如此。

世人肯定是把「期待」誤會成了「愛情」吧。

比方說，我對奧運選手毫無期待，就算沒有奪金摘銀也不覺得可惜，但我會幫他們加油。只有期待並非是支持，也稱不上是愛吧？反過來說，輸了的時候鼓掌激勵，才是支持與愛的表現，不是嗎？

只要不抱期待，無論發生什麼事都不會陷入「放棄」的情境，關係也不會出現裂痕。

本章中曾提到，就放棄而言，必須先有可以放棄的東西，而「期待」就是這種東西。所以，要是沒有期待，也就沒什麼好放棄了。

對他人充滿期待的社會

若能冷靜觀察一下現今社會，就會發現其中存在著太多對人際關係充滿「期待」的幻想，像是「想有所連結」、「羈絆」、「感受活力」、「齊心協力」、「想讓別人歡喜」、「想與人分享樂趣」等諸多精神口號。眾人對眾人皆有所期待，對於社會、國家也有所期待。

因為有所期待，所以要是現實不符期待就會深感不滿，覺得「遭受背叛」而沮喪。於是一大群人高聲叫囂以鼓舞士氣，但他們究竟想做什麼？又是要跟誰奮戰？

這些人不過是想找個發洩的對象罷了，只要攻擊誰，就能讓自己重振精神，所以不時可見一群人聚在一起，高喊「絕不放棄」的光景。

當然，這純屬個人自由，只不過眾人聚集的「煽動」行為，總讓我覺得不太對勁，因為由此可以窺見與個人自由恰恰相反的作用力。

總之，因為經常反覆看到這樣的光景，我對於自己以外的人事物都不抱期待。

在很早以前，我就放棄了「期待」這件事。

Chapter 5

放棄的作法

諦めの作法

即使知道再多方法，這些方法也不見得都是正確答案。
對自己來說什麼是有用的？不嘗試就不會知道，
試著實驗、試著行動，挑戰從未做過的事，這樣就對了。
如果遲遲無法放棄，只能藉由思考其他方法，來擺脫這種執迷狀態；
而且試驗時或許會發現更有趣的事物，也就能斷然放棄原本的作法。

眼前的障壁阻擋了去路

也許還會再探討些比較抽象的話題，不過本章多少想談點具體的事。本來寫這本書的意圖就是要把事物抽象化，以一般論形式讓更多人理解，要是寫得太具體，就成了老生常談，所以我可是一邊留意著這件事，戰戰兢兢地下筆。

朝某個目的前進的這條路，勢必會遭遇幾道障壁。當障壁（說是懸崖也行）阻擋前路，讓人對朝此前行感到絕望，為了繞遠路避開這阻礙，大概只能先行折返。

為了實現目的而放棄目的，無疑是本末倒置，所以至少要以不放棄目的為前提。問題是這道障壁實在巨大到讓人不得不放棄，心想絕對無法到達那裡。尤其眼前真的有道障壁時，這種感受恐怕會更強烈。

一旦抽象化之後，便只能「尋找另一條路」，也就是放棄現在的作法，思考其他方法。當然這件事沒那麼簡單，畢竟要是知道有這樣的路，就不會呆立在這道「巨大的障壁」前了。

無法放棄已經不通的路

有許多時候，通往目的地的道路不只一條，而是有好幾條路徑，但人們都會在自己能夠觀察到的範圍內，選擇一條最近、最容易走的路。這也意味著，一旦變更路徑，這條路會變得遙遠而險峻。

人們習慣安於現況，希望「一切就像現在」、「保持這樣就行了」，所以一旦發現此路不通，便會不知所措，氣惱為何會有阻礙，也越來越不甘心就此收手，不停怨天尤人，怎麼樣也「無法放棄」這條已經不通的路。

想像一下因為豪雨釀成洪災，大水衝入民宅、淹沒農田的景象吧，是不是就能理解為何會愣在原地的心情呢？

雖然有很多鼓勵人們「不斷前進」的話語，但有時就是無法前進，只能愣在原地，思索著該如何是好。每個選項都比先前習以為常，如今卻無法再走的那條路更加遙遠而艱險，因此，我可以理解那種無法放棄已經消失之物的心情。

難以好好梳理自己的心情

其實不知如何是好、只能愣在原地的人，很清楚還有哪些遠路可繞。即便嚷著「不知如何是好」，其實意思是指：「總覺得再也沒有一條路，比消失的那條路更好走。」每一條遠路都是麻煩又險峻，但目前只能從中選擇一條稍微好走一點的路，當事人也很清楚這個狀況。

一般來說，「不知如何是好」的人其實都知道怎麼做比較好，也明白有哪些方法可用，只是覺得這些方法一點都不輕鬆，也沒有比自己想採用的方法，亦即已經行不通的方法來得好，而為此困擾不已。

結果就是，直到接受「即使不好，也別無他法」而放棄之前，都會持續煩惱，這樣的情況就是「難以好好梳理自己的心情」。

要說為何有時間愣在原地，除了因為沒有「好方法」，或許腦中也在瞬間閃過這樣的疑惑——是否該放棄「目的」比較好呢？就像先前所述，那些被洪水沖垮家園、農地的人，除了被迫放棄生活中的一切，甚至可能有過自殺這種殘酷的念頭。

不過，若是能擺脫「放棄目的」的念頭，再來就只有選擇怎麼走下去了。要選擇哪條路著實傷神，即便不是最好，也只能朝一條自己覺得還不錯的路開始邁進。要走到這一步並不容易，畢竟心情這玩意兒總是受情緒支配，往往理論上知道該怎麼走，但就是踏不出這一步。

拯救自己的人，其實就是自己

這條路好壞與否，必須親身走過才知道，他人的評價不足為憑，所以最好先試著走上一段再來判斷。絕大多數情形都是多方嘗試遠比愣在原地來得好，至少開拓了視野（資訊量變多）之後，狀況也會好轉。

就像遭到土石流沖毀家園的居民，在熱心義工的協助下開始動手清理，只要踏出一步，也就能慢慢梳理心情；即便只是做了一點點事，也有著莫大效果。

也許居民覺得自己是被義工們拯救，但拯救他們的其實是自己，因為當事者轉換了心情才是最重要的關鍵。

人其實很少被他人拯救，因為他人的援助只是一個契機，拯救自己的人還是自己。生病也是如此，不是醫師治好疾病，而是病人的體力治癒自己；雖然有「被療癒」這種說法，但這也是被療癒的當事人自己療癒自己。

梳理這種心情時，放棄的是一條已經消失、無法行走的路，也就是放棄「想繼續走在這條路上」的心情。從其他各式各樣的新路中，選擇一條今後要走的路，就能逐漸回到常軌。

「目的」其實是「方法」

想要邁向目的，必須有一條路；想要不放棄目標持續前進，就必須選擇一條路。而選擇某條路，等同要放棄許多其他的路。

所謂的路，就是「方法」。所以「放棄的是方法」，可說是一種真理。

在不少情況中，被認定的「目的」、「夢想」也是所謂的「方法」。例如，有人夢想從事某種職業，其實是想藉此收穫幸福，所以這份職業不過是達到此目的的的方法。以得到什麼為目標而辛苦磨練的人，也是因為知道這是能滿足自我的事物（亦即方法）才想得到。所以，幸福與滿足才是最終目的，而一切都是要催生出這兩者的方法。

人與人之間也有同樣的情形。或許把人視為物品不太恰當，但是尋求他人的協助，也可以想成是追求自我幸福與滿足的一種必要「方法」。雖然單憑己力無法做到，但只要一群人通力合作就沒問題，所以一群人也稱得上是一種「方法」。

從前必須集結眾人之力才能做到的行為，現在都可以由機械、電腦代勞，今後勢必會演變成大部分事情都能獨力完成的時代。以往耗時又費工，必須靠傳承才能留存的事物，如今也能仰賴數位科技重現，傳達與記錄的作業也簡單多了，所以機械、電腦是不折不扣的「方法」。

「自己」說不定也是一種「方法」

正因為進入近乎全面電腦化的時代，才得以重新認知人與人之間的關係，「羈絆」一詞也就浮上檯面。現實世界中，人與人不再那麼親密，從群體社會轉換成個人化時代，「想和人有所連結」的心情也就被刻意突顯。

之所以進入近乎全面電腦化的時代，是因為人這個「方法」實在很不牢靠，也不符合成本效益。人一直在發展如何放棄人的科學，所以就這個意思來說，科學也是一種「方法」。

說不定自己也是一種「方法」，所以放棄自己的同時，也是放棄自己的生存之道，幾乎等同於放棄生存方法（不是字面上所指的放棄自己，只有死的時候才是放棄自己）。有時會放棄一直以來憧憬的生存之道，或是覺得自己按照至今的樣子活著將前途堪憂，這兩者也都是在改變自己這個「方法」。

×明明有價值，卻不得不放棄

確認放棄的東西是「方法」之後，問題就在於如何「放棄」比較好。

首先，要是能排除情感方面的影響，只以合理的尺度來比較，那麼沒被選擇的東西就是「放棄」的東西，所以「放棄」一點也不難，只要想像是換個角度眺望結果就行了。

之所以會萌生「放棄」這種意識，是因為情感上對這項事物還有依戀。這樣的情感並非偏差，也不是毫無益處，只是判斷的結果認為其價值要比最後被選定的東西來得低。

基本上，這跟排除已經無法選擇的方法（好比挽回失去的人或物品）時產生的情感一樣，只是覺得「如果硬著頭皮，還是可以選擇」，仍有些眷戀罷了，同時也很懊惱自己陷入「不得不放棄」的窘境。這樣的情感顯然很不合理，雖然不可避免會湧現，還是只好放棄。

以公司財務狀況欠佳，必須解雇老員工的情形為例，就人情義理上來說，這絕對是一個還有可能，就完全不想考慮的選項。無奈公司一旦垮了，會造成更多人失業，權衡之下才做此判斷，這時也只能說出「不得不放棄」了，讓我聯想起「揮淚斬馬謖」這句成語。

明明對自己來說是有價值的東西，卻不得不放棄。但放棄的理由很明確，正因為明確，所以不得不做此判斷，畢竟這是比較過價值之後，才決定摒除的東西。

最讓人使不上力的是情感

眷戀就是所謂的情感，也可以說是對過往的幻想。以往具有價值，可惜（比較過後）現在沒有了，所以必須放棄，奈何眷戀有如殘影般留在腦中，使得自己始終無法認同合理判斷的正當性。

儘管如此，也不必認真思考這種狀況該怎麼處理。如果認真思考就能找出解方（還有這種可能性的話），應該就不至於落到要放棄的境地。

常有人找我商談如何放棄這種人情義理上的「沉重包袱」，但這種事還真是讓人無能為力，對吧？（換句話說，只有放棄一途。）至少我是這麼覺得。

雖說若不想再被如此「沉重的放棄」壓迫，就只有好好反省自己、事先戒慎警惕，但世事難料，總會有意外的不幸降臨，硬是催眠自己一切都在預期之中，只是徒增反感罷了。

說到底，這種「該怎麼做才能放棄」的問題，就是心情的問題，除非當事者自己想通，否則沒有其他方法可以解決。所以就讓當事者繼續煩惱吧，即使得花點時間，也是沒辦法的事。

先搶得時效，再求取認同

有很多時候，就算詢問：「該怎麼做才會順利呢？」也毫無「方法」可言——沒有類似「吃藥」、「每天慢跑三十分鐘」這種具體的解決「方法」（吃藥和運動也不一定能解決問題）。

人們總是在尋求「方法」，深信自己是「因為不知道方法，所以才會吃虧」。那也只有「放棄」這種執念了。

總之，之所以「放棄」，是因為這個時間點判斷放棄比較好，而且盤算著藉由「放棄」能得到什麼（應該是），或是接近某個目的。再一次靠自己考量、認識全局，並因此說服自己、讓自己接受。想要斬斷遲遲無法放棄的眷戀，只能這麼做。

如果不希望時間上有所拖延，即使無法完全認同，也只能要自己先「放棄」。這種放棄是先搶得時效，再求取認同的作法，也就是暫時先「放棄」，再慢慢說服自己，就像是借錢給別人，之後再要回本金和利息，亦即所謂的貸款。

這種形式的「放棄」，雖然當下覺得有點吃虧，但之後會逐漸回收利益。其實只要這麼想，就會覺得「放棄」沒那麼難，不是嗎？

用未來的利益說服別人放棄

說服別人放棄時也一樣，大抵都是這般老套說詞——提出未來有何利益，然後勸導對方：「這都是為你好。」這麼一來，任誰都會覺得既然是為當事人好，那就沒問題，當事人也明白理論上這麼做對自己有利。基本上在這種情況下，最後會比較容易放棄，將來覺得「幸好那時候決定放棄」的機率也很高。

另一種情形則是，就算勸導「這都是為你好」，當事人若感受不到，要說服就不容易了，可能得花點時間，當事人才會想放棄。

雖然沒人知道未來的事，但大部分情形還是一如預料，畢竟人類擁有高度的想像力。機率高的事態大抵都會發生，機率低的現象就不常出現了。

判斷是否放棄時，除了要克制自己的情感，也不能過於樂觀看待未來的事態與現象，這一點很重要。舉例來說，就是類似這樣的邏輯觀——「買彩券，就有可能得手好幾億」↓「要是沒買彩券，不就扔掉好幾億嗎？」↓「所以我該放棄嗎？」

真正的夢想是「買」不到的

將機率低的事物設定為「目的」的人，往往會表明自己「無法放棄」，只能說他們並未充分理解數學上所謂的「期待值」。期待值就是將得到的價值乘以機率得出的數字，不妨上網搜尋一下「彩券的期待值」吧，假設是二百日圓的彩券，期待值就是一百日圓以下（九十日圓左右）。

雖然人們常說買彩券就是「買夢想」，但真是夢想的話，根本沒必要買。所謂的「買」，就是掏錢讓對方得利的行為，所以買彩券是給予賣方夢想的行為，買越多反而會讓自己的夢想更萎縮。

但人類都有想像力，會想像自己變成有錢人的樣子。這是非常珍貴的能力，個人的所有可能性都源自想像力，進而引導自己邁向滿足的境地，就這個意思來說，買彩券也是為了刺激想像力。只不過，為什麼非得掏錢買彩券呢？這也只能說是因為人們欠缺想像力。

現代人都迷戀「方法」

為了邁向目的，「方法」確實很重要。任誰都會想像「該怎麼做，才能得到想要的東西？」如果方法優越，達成目的的機率就很高，這樣的想像力是讓人類繁榮至今的原因。發明鍊金術的動機就是最佳例子，雖然沒達成目的，卻與科學發展息息相關。

所以，人們會想問：「該怎麼做比較好？」並因而拘泥於「方法」。一旦做不了自己想做的事，便深信是「因為用錯方法」，想像著「應該還有更好的方法」。這種態度並沒有錯，畢竟勤問窮究很重要。

然而今非昔比，現在是個可以輕鬆汲取情報的時代，這在以往簡直是不可能的事，當時只有王公貴族等少數人才能蒐集情報、嘗試各種方法，如今則是任誰都能這麼做。

這就是現代人迷戀「方法」的理由。因為世上充斥各種「方法」，好比減重、保健、親子教養、工作、人際關係等，只要去一趟書店，就能看到各種領域的相關書籍。當然也可以上網搜尋、發問，免費取得豐富資訊。

情報過多，反而增加放棄的機會

雖然通常會以是否有科學證據來判別「方法」的好壞，但顯然大多數的「方法」都沒有科學證據可言。即使是基於可信賴的統計資料所建立的證據，也無法保證適用於特定的個人（你）。

真理只有一個，那就是——因為方法太多，以致於弄不清楚孰優孰劣。

尤其是想要挑戰什麼的人，實在無法忽視眼前迸出來的新方法，便開始思考這是否有助於達成目的，自然也心懷期待，結果就是既有的「方法」都還沒好好嘗試就乾脆放棄。

若是身在很難汲取情報的時代，就只能靠自己運用想像力來發想方法了。因為沒有可以輕易放棄的情報，或許會執著於一種方法，但也因此不會迷惑猶豫，而能集中心力。

如何？你是輕易放棄，不斷變換各種方法的類型？還是一旦習慣某種方法，就很難放棄的類型？前者以網路世代的年輕人居多，後者則多是保有傳統價值觀，上了年紀的人；雖然這無關好壞，不過倒是可以藉此省思一下自己的作法。

方法論為何沒用？

知道某種方法很有用，而且廣為流傳，但同樣照做了卻沒有奏效，這是為什麼呢？好比出書暢談如何減重的人，就是成功減重的最佳範例，但並非所有讀者看了他的書都能成功減重，問題究竟出在哪裡呢？

其實，成功減重的人當初發想的方法並非絕頂優秀，優秀的是發想出這個方法的想像力與之後的執行力。那麼，要如何擁有優秀的想像力與執行力呢？該怎麼想像、如何執行比較好？這種知識技能無法寫成文章、也難以傳達，因為這些都與這個人的「才能」、「性格」以及「體質」有關。

如果只是「方法」，還能化為言語傳達，可惜大部分的情形都沒這麼單純。因此有件事要先理解——即使知道再多方法，這些方法也不見得都是正確答案。

不斷接收各種方法，稍微嘗試一下，得不出成果又馬上放棄，人們很容易陷入這種惡性循環，可以說是現代人的通病吧，根本就是把「方法」當成藥品或保健食品在汲取。

附帶一提，我四十年來從未服用過感冒藥、頭痛藥、胃藥，也沒吃過任何保健食品，因為我不覺得吃藥的益處大於害處。從前我身體一直很差，服用了不少藥物，但自從不再吃藥，倒是健康到與醫生無緣。對我來說，這就是反對藥品與保健食品的有力證據。

「放棄」的方法也得靠自己發想

對自己來說什麼是有用的？不嘗試就不會知道，與其相信別人的說詞或廣告宣傳，不如自己動手調查、嘗試更為確實。

由此看來，「放棄」的方法也得靠自己發想。如果遲遲無法放棄，只能藉由思考其他方法，來擺脫這種執迷狀態；而且實際試驗想法時，或許會發現更有趣的事物，也就能斷然放棄原先的作法。

如果實在想不出個所以然，那就從整理自己的房間做起，想想要從哪裡開始大掃除吧。埋首於這般作業還滿有效的，重點不在於清掃後的結果，而是在清掃過程中，可能會發想到什麼適合的自我控制方法。

像是打禪七、瀑布修行也有同樣效果，或是一個人到某處旅行也不錯（但我個人覺得花這種錢很無謂就是了）。

煩悶焦慮時，總覺得像是「迷失了自我」，思索著自己就一直這樣下去好嗎？難道就要這樣過完一生嗎？這時忽然像想到什麼似的，腦中浮現一直以來懷有的「夢想」，覺得自己果然還是無法放棄，於是便認定這樣的壓力就是導致自己煩悶焦慮的原因。

我認為這其實是一大誤解，聽了好些人陳述，更覺得「並非如此」。這種焦慮感應該是出於不滿現狀，而不是因為無法放棄「夢想」，只是當事人執拗地認為，無法放棄夢想才是導致自己煩悶焦慮的原因。拚命給自己找藉口，也是現代人的通病之一。

煩悶焦慮，是因為不滿現實中的自己

會不滿現狀，是因為現實中的自己不知為何很不快樂。如果眼前出現有趣的事物，就無需抬出夢想，也不會煩悶焦慮，只要快樂開心，看什麼都閃閃發亮。

那麼，只要快樂就行了嗎？和朋友飲酒作樂只能暫時解憂，歡樂過後反而更覺煩悶，這種模式一旦反覆幾次後，又會重新質疑自己再這樣下去真的行嗎？
那該如何是好呢？接受現今的一切，認命地接受這就是自己的人生嗎？
應該還有什麼夢想，不是嗎？
過往應該還有什麼更閃亮、更讓人嚮往的東西吧？
這就是會感到煩悶焦慮的原因。
那麼，有沒有掙脫這種困境的方法呢？
於是，又開始尋找「方法」了，明明「尋找」這件事就是搞錯重點啊。

人類都有自我拯救的本能

不應該是這樣。什麼都行，自己動腦思考，親身嘗試可以做到的事，試著實驗、試著行動，挑戰從未做過的事——這樣就對了。

埋首於某件事，漸漸忘了內心的煩悶焦慮，或許會讓你想起「原本的自己」。至於那是什麼樣的自己，這裡寫不出來，只能靠自己發現。偶爾，眼前會突然迸出吸引自己的事物，也就不自覺地放棄想放棄的東西，這種狀況也代表人們無意識地採取了拯救自己的行動。不只人類如此，動物也會為了生存，本能地採取各種自救行動，無疑是大自然的奇蹟。

向他人傾吐煩惱，也是一種自我防衛的行動。想跟他人求救，就表示當事人想為自己做些什麼，至少比最初的階段又前進了幾步。「明明想放棄，卻無法放棄。」其實向別人這麼傾訴時，大概就代表自己準備放棄了。此時應該已經有八成的決心要放棄，接下來就是看誰能推自己一把吧。

輕易依賴別人的社會陷阱

以往有事想找人傾訴時，諮詢的對象不是身邊好友，就是前輩、老師、上司，再不然就是德高望重的長者，有時候還會自己先篩選問題，才鼓起勇氣找人商量。相較於從前有各種顧慮和障礙要克服，現在不但上網很方便，也可以打電話諮詢，而且全程採「匿名」方式，任誰都能輕鬆運用，這是一大優點。尤其對於想放棄生命、企圖輕生的人來說，類似「生命線」這種不必鼓足勇氣就能諮詢的管道，著實助益良多。

不過，就算諮詢了也不見得有效的例子還是很多。這主要是因為諮詢者，也就是當事人的態度沒那麼認真，並未迫切想解決自己的問題，只是希望訴說心中的不滿，貶低帶給自己困擾的對象，所以容易流於情緒的宣洩。如果只是宣洩情緒倒還好，或許正視心中不滿，反而能讓自己冷靜下來；比較可怕的是，當這樣的不滿在網路上傳開，像回聲一樣反響，反而會使當事人的情緒更形膨脹，而諮詢的動機往往只是為了告發對方，尋求共鳴。

現在是什麼都要追求共鳴的時代，許多人都認定要得到他人的共鳴才能安心，希望取得大家的理解與認同、渴求別人的同情與安慰。這種欲求在年輕世代身上顯著可見，或許是因為從小在這種環境下成長，也就習以為常、毫無自覺吧。

╳ 與其小題大作，不如輕輕放過

即使必須放棄，也有人會不自覺地認定他人或環境必須承擔某些責任，所以無法放棄。客觀來看，這麼做無益於自己，也會因為遲遲無法解決問題，而陷入惡性循環。

日常生活中不時會遭遇惱人的突發意外，像是不小心撞到陌生人，開車時後方來車突然超車，或是對方爆粗口等等。這時如果能「放棄」據理力爭，事情就能立刻了結，畢竟對方可能沒有惡意，也不是存心要詆毀你。

但有些人就是嚥不下這口氣，而且還真不少。這種人會到處張揚自己的遭遇，明明是小事卻喜歡放大問題。

他們主張的理由是「希望對方道歉」。這麼想的確沒錯，也算是秉持正義，問題是對方道歉之後，自己又能具體得到什麼呢？還不如乾脆打消據理力爭的念頭，才不會耗費更多心力。客觀來看，這也是最有利於自己的選項。

學會克制自己的情感，就能懂得「退一步，海闊天空」的道理，不是嗎？

「放棄」是對自己更有利的選項

「我不是聖人，沒有那麼偉大啦！」不難想像，肯定有不少人會這麼反駁。

前面所說的，並非是教你「不要生氣」，畢竟當下要「不發火」確實很難，根本是聖人等級才做得到。我的意思是指「換個角度想，這麼做對自己才有利」。

希望大家明白，克制情感是有利於自己的事，學會這項技巧，就不覺得吃虧，心情也會更愉悅。總之，只要笑笑帶過就算了，而這樣的笑是發自內心，真正「愉快」的笑。

基本上，這是「大人」才能體會的醍醐味，「小孩」做不到這般境地，還有些人就算上了年紀，也因為頭腦頑固而沒有這般度量，無疑是另類的「返老還童」。

「放棄」是控制自我情感的行為，只要控制得宜，事態就能按照自己所想的發展，等同於獲得一項優越的能力，置身於各種情境時，也能取得有利的立場。

不斷累積小小的「放棄」，就有能力駕馭大大的「放棄」，這樣也會離你的目的更近，提高實現夢想的機率，最重要的是能發自內心擁有好心情。

而唯一的阻礙就是「覺得自己做不到」，這種毫無意義的「放棄」。

如果能放棄這種毫無意義的「放棄」，應該就不會再讓無謂的情感支配自己。

Chapter 6

「活著」這件事，就是「放棄」

生きるとは諦めること

或許你會以為自己始終被一大群人包圍，

其實這只是緊抓著想被大家理解、喜歡的幻想不放。

畢竟，我們不可能知道別人的想法，我們只知道自己的想法，只能坦然地和自己對話。

只有自己能理解自己，這是再普通不過的事，

因此所有人肯定都會孤獨死，這就是人生。

人生是邁向死亡的道路

嚴格說來，談論至此的內容都是針對人生還走不到一半，也就是年輕族群而寫的，大家恐怕也看得有點膩了。年輕人就是不想聽長輩囉嗦，埋怨同樣的話幹嘛一直碎唸。當然，這樣的埋怨也沒錯就是了，但只希望年輕人記得，每個人都會變老，到時候應該就會明白為何一件事想要反覆提醒的心情了。

好，那就寫些給老人家看的內容吧。幾歲開始算是老人呢？我想就別管這種定義了，不過，能覺悟到自己離死亡不遠的老人，絕對很了不起。

似乎有不少人都希望自己「長壽」，還會大方地說出「希望」活久一點，老實說，我真不明白為何會這麼想。雖然我不會不識趣地問：「希望活久一點，是想做什麼嗎？」但實在很想說：「活得越久，就得一直『想著死』這件事喔！」

「人生是邁向死亡的道路。」大家最後都會前往同一個地方，終點站就是死亡。關於活著這件事，再也沒有比這句話更絕對、確切的真理了。

令人忌諱的共通終點

放棄活著的瞬間就是死亡，所以「活著」是直到放棄活著為止的暫時狀態。在自然界中，死去的東西，亦即沒有活著的東西都是安定的，能長存下來的就是沒有活著的東西。總之，活著只是一瞬間、一時的狀態（或是平衡〔balance〕）。同樣地，以宇宙的時間軸來看，就連人類的歷史文明也不過是瞬間發生的事件。

即使明白人終須一死，也不曉得何時會死。就算是老人，或是因為生病而來日無多的人，也相信自己明天仍會活著，盡可能在精神面想像自己離死亡還很遙遠。

人生會有很多長，通常無法預測，只能以一大群人來計算「平均壽命」。既然每個人的壽命長短不一，任誰都只能盡量不去在意這種事，繼續走在不知會延續多遠的人生路上。

儘管死亡是人生的目的地，但人們並不覺得那裡是一處想讓人高喊萬歲，慶幸總算走到的「終點站」。人們忌諱談論死亡，甚至會被斥責「幹嘛想這種事，真是觸霉頭」，但如此遭人忌諱的對象，卻是大家共通的目的地。

放棄死亡，還是不放棄死亡？

近來常聽到「終活」一詞，也就是藉此做好迎接死亡的準備。看來日本人的觀念多少有些改變，這是因為意識到不能再一味逃避，還是單純覺得沒有家人、小孩能看顧自己到終老，所以被迫面對這般現實呢？我想是哪一種理由都無所謂吧。

對於死亡的思考，應該可以分為「放棄死亡」和「不放棄死亡」兩類。

「放棄死亡」的意思是，死了之後自己就不存在了，所以一切都已經和自己無關，類似「塵歸塵，土歸土」的感覺。自己不必對死後的事負責，這個說法十分正確，也很合理。

「不放棄死亡」的意思則是，擔心自己死後的事，也就是趁活著的時候擔心這些事。好比有人連自己的喪禮都規劃好了，還有人掛慮子孫的未來，所以做好各種安排，也是同樣的意思。也有人想留下自己活過的證明，十分講究身歿之後要長眠的墳墓等，都是屬於這一類。

六十年後的人生都是餘命

我屬於前者，很乾脆地放棄死亡。既然死了，就是化為塵土，我從未想要活得久一點，現在也沒有這個念頭。不可思議的是我從小就這麼想，為何會這樣呢？

可能是我從小體弱多病，總覺得自己應該活不了多久吧。家父的身體也不好，總是嚷嚷著：「我大概來日無多了。」或許是身處這樣的環境，我也就視死亡為稀鬆平常，覺得這種事隨時都會降臨。

想不到，家父竟然活到八十三歲，而我原以為自己能活到六十歲左右就是萬幸了，結果轉眼已經六十好幾。因為出乎意料，所以我有點困惑。

由於我的各種人生計畫都是以六十歲左右為期限來訂立的，所以有不少已經到期了，我也強烈認知到自己的人生就此結束，所以現在是餘命，可說是消化期或猶豫期吧。總之，每天都有「賺到」的感覺。

不想留下什麼活過的證明

我沒打算躺進長眠之墓，我的父母也沒有墓地。也許活著的時候會想要有個身後長眠之所，但墓這東西是為了遺屬而存在，所以應該交由子孫判斷。

我並不想留下什麼自己活過的證明。我工作時做了很多東西，如今也持續在製作，而且從未拿來販售或送給別人，全都存放在家裡。這些東西在我死後以大型垃圾處理掉也沒關係，一切交由孩子決定。當然，我會留下一筆處理費用。我沒有什麼遺願，當然也沒想過寫遺囑，若真要寫些什麼留下來，就是密碼之類的吧。

我只跟孩子們說過不想辦喪禮，不過一切交由遺屬決定，不必理會我的遺願。像我這樣放棄死亡的人恐怕很少吧（尤其是年長者）。因為我沒興趣對這種事發表意見，也不想尋求共鳴，所以不清楚世人如何看待這種事，但我不時會在文章中提起，所以被說成是「怪人」。是這樣嗎？我倒覺得對墓地、喪禮很講究的人才是怪人。

我想再強調一次，無論怎麼想都是個人的自由，只要自己喜歡就行了。不要責備和自己想法不同、興趣有別的人。我只是抒發自己的想法，請別誤解。

發掘潛在的怪人是我的工作

我從幾十年前就在講這件事，只是以往（三十多年前）幾乎都被當成「玩笑話」。不過近年來，則有越來越多人也開始談及、書寫這件事。

至少，現在這個世界已經變成可以說出這般真心話了吧。雖然我的想法還是占少數，卻不會再被嘲諷是沒常識，但我不會因此而「歡喜」，無論怎樣都與我無關，我完全不想藉此認識志同道合之輩，或是得到別人的認同。

不過，我之所以任性地把這種事寫成文章，是因為覺得多少還是有此需要。要是被當成玩笑話，寫出來的書應該就賣不動，也不會有人來找森博嗣寫書才是啊！但事實證明，寫這種東西賣得還不錯，大概是因為有不少人覺得「原來還有這種觀點啊！」總之，發掘這種潛在的怪人，就是我的工作。

因為寫書是我的工作，暢銷就代表工作有成，照理說應該寫些能得到多數人共鳴的書才有利，可惜我這個傢伙不會寫自己不認同的事，只有放棄這項方針。

放棄當個機靈又健康的男人

是的，基本上我就是個「不機靈」的人，老婆大人也常這樣說我：「從來沒見過像你這麼不機靈的人。」

總之，我就是個不機靈的傢伙，喜歡工作卻寫不出讓人稱讚的作品，也沒做成什麼自己覺得滿意的事；而且經常手一滑就不小心受傷，雖然已經盡量留意，還是常犯血光之災。

另一方面，每當看到周遭的人們，我總會忍不住佩服：「好機靈啊！」這世上機靈的人真的很多，我常這樣感嘆。別人為何能這麼機靈呢？我卻只有搔頭不解的份兒。

「健康」這件事也是，我看每個人都很健康，很佩服大家的養生之道；相比之下，我一直都不健康，身體總是有哪裡不適。

或許可以說，我就是個放棄「機靈」、也放棄「健康」的人吧，放棄努力成為這樣的人。沒辦法，我這不機靈、不健康的毛病看來是治不好了。

雖然我放棄跟人比較，但總覺得周遭的人們過於「有活力」，也有一點「衝過頭」。我沒辦法、也不打算像他們那樣滿懷熱忱、精力旺盛。我想，就是因為長期蓄積這樣的想法，才會造就我現在這種隱世乖僻的個性。

要我自己分析的話，我對活著之所以沒什麼執念，也是根植於這樣的想法吧。

很想認真，卻又不夠認真

「你的夢想是什麼？」被別人這麼問起時，我通常就是說出腦子裡想到的事，但其實並沒有強烈地意識到「這是我的夢想」，大抵只能說是「打算」，或者頂多是「計畫」。

同樣地，每當有人問我：「你放棄過什麼？」我也不曾特別意識到「放棄」或「不放棄」的問題。應該說，我一時間也想不出來自己「放棄過」什麼，卻又發現放棄的還真不少。

眼前有「做得到」或「做不到嗎？」兩種事，因為不會選擇「做不到」的事，所以是從「做得到」的事情中挑選，但其實挑中的也只是「好像做得到」的事，所以常會誤判、看走眼，不可能百分之百正確。

總之，我幾乎沒有什麼「全力以赴、竭盡所能」或「絕不放棄、孜孜矻矻」之類的意識。應該說，我這個人就是興致勃勃時，會一點一滴地做，卻也會很快厭倦又轉移目標，算是比較「喜新厭舊」的人吧。至少稱不上「認真」，只能說是很想認真，卻不夠認真。

死亡變得美麗、清爽又中性

我明明是這樣的人，卻在不知不覺中被稱呼為「老師」，還寫書、出書，成為別人諮商的對象，每一件都不是我刻意想做的事。雖然一直覺得不可思議，我為什麼會做這些事，但反正有報酬可拿，又沒什麼損失。

我並不想成為多偉大、多了不起的人，也不覺得自己有多厲害；當然，我也從未期望自己在別人眼中是這樣的人物。

在無人知曉的情況下孤獨死去，我覺得挺好的，或是死在荒郊野外也不錯。我說的「挺好」，就是「不差」的意思，與其說是希望，不如說是「這樣就夠了」的意思。

當然，我沒想過要「自己了斷生命」。今天、明天、下個月、明年，我有太多想做的事，比起死亡，做這些事顯然愉快多了。不過，要是沒辦法做想做的事了，也只能順其自然，接受現實。

一旦死了，就什麼也做不了；生病的話，就有做不了的事；提不起勁時，也有做不了的事。人生本來就有很多想做，卻做不了的事。

生病的時候，對於做不了的事會深感懊惱、遺憾；但要是死了，就不會那麼悔恨，死亡也就變得美麗、清爽又中性。所以，我覺得死亡也沒有那麼糟糕。

也有人相信死後的世界

×

仔細想想，人們恐懼的應該不是死亡本身，而是在腦中想像接近死亡的時間，也就是不想體驗「終將死去」（仍然活著）的歷程吧。或許真是如此。任誰都想避開痛苦和鬱悶，既然這樣，瞬間失去意識直接死亡，不就什麼問題都解決了嗎？我想很多人都不會反駁這說法，因為希望如此死去的人還真不少。

在不久之前，或者應該說很久以前，有相當數量的人都覺得有所謂死後的世界，甚至到了現在還是有人堅信這一點。人就算死了，也會留著某些感覺，不是上天堂就是下地獄，可以看著這個世界，成了只有意識的靈魂，大家似乎都會相信這種超自然現象。

以科學層面來思考，這種事物根本不存在。有些人對此頗不以為然，於是搬出「有些事無法以科學證明」或是「沒有足以否定靈魂的科學證據」之類的說詞，照這道理來說，那也不能否定哆啦A夢和哥吉拉的存在吧——其實，只是誰都不想否定罷了。

趁活著的時候好好享受

我沒祭祀過祖先、沒參拜過神社、沒買過護身符，也從未請人幫忙除厄解運。之所以不做這些事，是因為我「放棄」神明嗎？

正因為我是這樣的人，所以能夠平心靜氣地接受死亡。無論是生病、受傷、遭逢困境，這些都跟「死亡」沒有兩樣。為了不讓這些狀況發生在自己身上，必須詳加留意；但萬一真碰上了，也是沒辦法的事。生病或受傷，只能暫時忍耐，等待痊癒；而「死亡」就沒這必要，只要死了一切都畫下句點。

寫得尖酸刻薄些，那就是無論放棄、還是死命執著，都不會影響「死亡」這個自然現象，所以不需要「放棄」或是「有所覺悟」。

然而，要是能不忘記死亡（也就是始終意識到這件事）而活著，不也很好嗎？因為思考死亡，會讓人更懂得享受當下活著的時光。

或許有人就是喜歡追尋短暫的歡樂，不能說這樣不好，我只是擔心有種不幸就是一味耽溺於歡樂，死神完全不造訪，雖然活得長久卻也飽嚐苦果。

要是事先知道何時會死，是不是就能預防這樣的失誤呢？這很難說，也許不會吧。搞不好很多人知道自己的死期之後，反而每天過得很懶散，這種情形該說是連活著都放棄嗎？恐怕是早就變成活死人吧。

越來越多人擔憂老後生活

的確，「放棄死亡」這樣的說法有點不太恰當。

死亡不是放棄的對象。怎麼說呢？因為「放棄」是停止「期待」，但應該沒有人「期待」死亡。更適切的解釋應該是放棄「抵抗死亡」，或是停止「對於活著的執著」，這樣會更容易理解。

「希望毫無痛苦、折磨地死去。」這是任誰都有的期望，無須贅言。既然人終將一死，那就別再執著於活命，盡量別讓自己痛苦、給家人添麻煩（這也算是自己的苦痛吧）。好比一般人會投保癌症險，就是為了減少醫療費用的負擔。

現今是個人人長壽的時代，即使腦子、肉體越來越衰弱，還是可以活著。以醫療面的一般趨勢來說，是以維持最低限度的生命機能做為優先處置，結果就是出現越來越多無法自由行動卻還活著的老人家，這早已是司空見慣。

我記得小時候，幾乎每戶人家都有長期臥床的老者，家中最裡面的房間即使白天也是拉門緊閉，大人常提醒小孩不可以進去，因為爺爺或奶奶在房裡睡覺。現在這樣的光景比較少見，在都市更是幾乎絕跡吧。

由於人口老化，現在的老人比以往多，負責看顧的孩子（或是親戚）卻相對減少，照理說應該會有更多長期臥床的長者，那他們都去了哪裡呢？原來是住進醫院或養護設施，過著比以往更有活力的生活。

就算活動無礙，腦子卻不自由的老人似乎也越來越多。很多人看到變成這個模樣的老人家，因此擔心自己的老後而深感不安，煩惱著是不是要花很多錢？誰要來看顧自己？明明以往從不掛慮這種事、也忌諱想這種事，現在卻不時煩心。

死亡就是一件「半途而廢」的事

總之，就是有人會向森博嗣這樣的怪人請教：「如何克服對於死亡的不安？」那麼，應該如何回答比較好呢？

面對死亡的不安，不是個說放棄就能放棄的對象。然而，要是放棄對於活著的執著，應該就能讓自己平靜地接受死亡吧——或許大家都是這麼想像。怎麼說呢？就是期待著有如「得道高僧開示」的答案吧。

我只是個怪人，不是什麼得道高僧，不清楚平靜地接受死亡是什麼樣的心境，也沒思考過這個問題。反正光想沒有用，也就不會多想。

我只能告訴大家一個觀點，那就是「死亡」是每個人一生都會經歷一次的事件。如何接受這個事件，端視個人自由；怎麼接受都行，不接受也沒關係，就算擱著不去碰觸，也不會有什麼困擾。

沒有人記得自己出生時的事，同樣地，也沒有人會記得自己死去那天的事。人生的最初與最後都處在黑暗中，也許有人會聯想到宇宙大爆炸或黑洞，但並沒有那麼壯觀盛大。人不知不覺地出生，又不知不覺地死去，死亡就是一件「半途而廢」的事。

那麼，要如何克服這樣的「半途而廢」呢？

「什麼都想視為特別」的症候群

所謂的「一生一次」，是平時常會聽到的說詞。近年因暫停舉行成人禮，媒體便一再報導「這是一生一次的事，實屬可惜」；婚禮、生日也是如此，總會強調這是一生中在這個年紀只會經歷一次的事。

現代人就是很吃這一套，像是罹患了「什麼都想視為特別」的症候群。

為什麼會變成這樣呢？這是因為商人為了牟利而煽惑，把這些活動標榜成「專屬於你的華麗舞台」；媒體也因為有廣告宣傳費可拿，成了推波助瀾的幫兇。這些人打著「促進經濟發展」的光鮮旗幟，說些「想帶給大家活力」之類的漂亮話，但這畢竟是宣傳口號，基本上沒什麼問題，只能說是願者上鉤了。

葬禮也是如此。為了不讓葬禮只是火葬遺體就結束了，禮儀公司費盡心思勸說遺族辦得更繁複、隆重。即便如此，現在的葬禮還是比以往來得儉樸，看來受騙的人少了許多，證明大眾沒這麼愚蠢。

因此，先審視自己是否也被這股風潮帶著走吧。要說自己究竟在意什麼，肯定是「世人的眼光」，而且這裡的「世人」指的是身邊的人，少則數個多則數十個，自己在意的就是會怎麼被他們看待。所以，無法放棄這種心態的人，就設法回應他人的期待吧；如果想活得自由自在，那就放棄周遭的人，不予回應即可。

這麼一來，多少就能平靜地迎接死亡吧。

「和大家一樣就沒問題」的幻想

現在似乎還是有不少宣揚只要怎麼做，就能上天堂的怪異宗教，至今也還是有人相信捐獻給這樣的宗教團體，就能買個安心的死後世界。當然，這是個人自由，或許也沒什麼不好（違法的話可就另當別論）。

客觀來看，這些人似乎抱持著「只有神明是可以相信的吧」這般心態。有人會自尋其樂，享受老後生活；有人則什麼也不做，只是渾噩度日。哪一種人會拚命奉獻金錢給神明呢？

其實這樣的個人差異，從小就很容易觀察出來。俗話說一種米養百樣人，真的是形形色色，什麼都有。明明如此，卻在意周遭人們的眼光，希望自己的行為、想法都和大家一樣，這真是不可思議。總覺得只要和大家一樣就沒問題而安心；如果只有自己不一樣，甚至會覺得是自己錯了。為何會如此？這是什麼樣的幻想呢？

後來，總算發現身邊有人和別人不一樣，便想向他看齊，但因為幾十年來的生存方式都「和周遭一樣」，一時間想要「與眾不同」也模仿不來，頂多只是做到打扮「與眾不同」的表面工夫罷了。

「思考方式」是一種作業系統

我經常會被問到：「該怎麼思考比較好呢？」其實所謂的「思考方式」是花了幾十年構築出來的程序，也就是一種作業系統（operating system）。所以只用「這麼做就行了」如此簡單的說法來傳達，根本不可能讓對方理解。以機械為例，這就像是電腦問電鍋：「要怎麼做才能煮飯？」（這並非在說哪一個的性能更強，而是用來比喻這根本是完全不同的兩種東西。）

即便是機能一樣的電腦，只要作業系統不同，就算移植程式也動不了。同樣地，向別人請教他們採用的「方法」，就算可以理解，有時也無法施行；就算能夠施行，有時也難以奏效。

語言這玩意兒真是不可思議，我們聽其他國家的語言，總覺得不太懂，但要是日語，就會錯覺自己「懂了」，這是因為我們每天聽這種語言，已經深植腦中的緣故。但要說真的理解了嗎？可以活用嗎？能萃取其中真意（價值）嗎？多半的情形都是否定的，只是做做「表面工夫」罷了。這和自以為只要眼見就能理解一切是一樣的。

可以試著閱讀一下關於量子論或探討重力的日文書，因為是用日語書寫，應該看得懂，也能記憶文句，但是，你真的理解內容了嗎？

讓思緒馳騁於宇宙盡頭

我突然想到，閱讀這種講述物理學的書籍時，總會有「準備面對死亡」的感覺。因為這時會深刻地意識到，人類不過是極為渺小的存在。

一旦意識到宇宙的廣闊與時間的悠遠，大概就會「放棄」個人的存在吧。無論是人際關係的紛擾、偏見與歧視、傳統與規範、和身邊人們的相處互動等，一切都變得無關緊要。

我不是要大家這麼做，只是想強調人類擁有以各種觀點看待事物的能力。世界並非只有自己雙眼所見、存在於眼前的一切而已，我們應該驅使想像力，放眼宇宙盡頭，望向幾十億年、過去和未來。

以多重觀點看待事物的能力，有時會在現實生活中發揮效用。當然，有人因此被拯救，但也有人不適用就是了。

沒有一切符合平均值的人

我從小就是個喜歡思考的孩子，總有著各種發想，也就常會做些脫離常軌的事。這樣的孩子應該很讓母親操心吧，尤其家中長子因病去世，不難想像父母肯定更掛慮身為次子的我。

我的兒子也是這樣的孩子，直到兩歲還不會說話，只是一直盯著繪本看，也不聽人說話。老婆大人很擔心，頻頻帶他去就醫，還找熟識的朋友商談，而那時我居然對她說：「不會亂說話，不是很好嗎？」老婆大人肯定很惱火吧。

有天，我們一家三口開車出門時，兒子突然指著自己說「我」，又指著母親喊了一聲「媽媽」，指著我說了句「爸爸」，後來他就變得很愛說話了。雖然是有點奇怪的孩子，不過還算容易教養。

為何要提這件事呢？我是想強調人們眼中看見的景象都不一樣，想法更是有上千百種。以「平均」、「常識」的尺度來衡量一個人，然後給他貼上「不尋常」、「怪異」的標籤，一點意義也沒有。況且再怎麼貼標籤，也不會影響現實。其實，覺得自己有點怪也沒什麼大不了。應該說，根本就沒有一切符合平均值的人。

所有人都是孤獨的存在

母親期待孩子的成長過程和一般小孩一樣，希望孩子能跟大家相處融洽，我卻沒這麼想。當我聽到兒子在幼兒園時都是獨自翻看繪本，絲毫不覺得有何不妥，但老婆大人無法接受這個狀況，因而十分擔心。

我只養育過兩個孩子，狗倒是養過十隻左右。每隻狗的性格迥異，感興趣的事物不一樣、習慣也不同，各有各的優缺點，所以無法評比哪一隻最好、最優秀，事情不就是這樣嗎？

生來性格皆不相同的我們步入社會後，學會與周遭協調，逐漸習得各種常識。明明我們小時候喜歡想像、熱愛動腦，卻漸漸成了不思考的人，而且有越來越多人覺得和大家一樣才安心、做一樣的事才安全。之所以變成這樣，難道是基於動物的防衛本能嗎？

然而，大家不可能一起死，還是有各自的人生；雖然我們極度恐懼孤獨，但每個人不折不扣都是孤獨的存在。

或許你會以為自己始終被一大群人包圍，其實這只是幻想，只是緊抓著想被大家理解、想讓大家喜歡的幻想不放。畢竟，我們不可能知道別人的想法。

我們只知道自己的想法，只能坦然地和自己對話。只有自己能理解自己，這是再普通不過的事，因此所有人肯定都會孤獨死，這就是人生。

現在的自己為何會覺得寂寞？

恐懼孤獨的人，可能是因為過往曾暫時處在比較熱鬧的環境，總是和一大群人共同活動，所以無法放棄這種愉悅感吧。

任誰都經歷過熱鬧的情境，但這種氛圍只是一時的，不可能長久持續，無論相處的是伴侶或家人都一樣。

仔細想想，即便處於這樣的時期，還是會有獨處的時間，或是深為人際關係苦惱的狀況，但怎麼說呢？人總會無意識地埋藏不好的記憶，這是出於本能的精神防衛反應。

也就是說，因為一再回想起來的都是好的記憶，過往的回憶也就漸漸變成愉快的體驗，好比兒時記憶就是一例。當然，其中也有造成心靈創傷之類的負面記憶，這時為了避免回想起來，就會用別的事物取代，或硬是強迫自己忘記，結果就造成了心靈創傷。換句話說，這些好的回憶也是為了隱藏不好的回憶所衍生的副作用。

因為不想忘記、不願放棄如此愉快的經驗，就越發覺得現在的自己很寂寞，於是勉強要做些什麼，反而給自己帶來壓力。

老人必備的放棄美學

首先，就要自覺自己是個老人，放棄「老人是寂寞的存在」這個想法。不，不只是老人，所有人都是寂寞的存在，既然身而為人，就好好忍受寂寞吧。

換個詞彙來形容，就是「領悟」。

心境沉穩，臉上總是掛著微笑的老人，肯定會受到周遭人們的喜愛吧。反觀為了排遣寂寞，硬是要跟人搭上關係、刻意出入熱鬧場所的老人往往讓人想要迴避。這是為什麼呢？因為再怎麼看，都覺得他們的行為和態度很不自然。

老人就是離死期不遠的人，要是能一點一滴放棄活著這件事，安穩地度過餘日，即便迎來人生的最後時光，應該也會微笑以對，這是我的想法。

若想傳授什麼給下個世代，希望年輕人接手自己一路累積的成果，這些欲求最好趁自己還沒變老（四十幾歲吧？）時盡早完成。倘若對方主動求教，那就回應對方吧，畢竟這種事不宜自吹自擂。

我認為，老人必須具備的觀念就是「放棄的美學」。

Chapter 7

「選擇改變」這條路

変化を選択する道について

樂趣的本質是達到滿足的一段過程，
而奮發向上、不斷前進是最充實的時候，也是毫不猶疑、相信自己的期間。
似乎只有成功之人，才能暢談己身經驗，我覺得這根本是錯誤觀念，
應該也要分享一下試著挑戰卻沒成功，還是覺得很開心的故事。
到處都有持續努力著，而且樂在其中的人，我們更應該多關注這樣的人。

再這樣生活下去，無法滿足自我

接下來，也許會談些關於中年的話題（倒也不是一定要談）。雖說現在工作穩定，生活也算安適，但總覺得自己的人生就這樣走完好嗎？似乎不少人有此困惑。

以我為例，大概是三十幾歲時有此困惑吧（我假設人生有六十年）。升上副教授之後，我蓋了自己的家，孩子們就讀小學高年級，雖然工作很忙，卻不像年輕時（也就是擔任助手時）那麼有建設性（創新性），倒是需要參加不少無聊的會議。

副教授上頭只有教授，至於研究經費什麼的倒是差異不大，也有自己的專屬研究室。我算是比較年輕的副教授，不過大學裡沒有所謂的長幼尊卑，所以有上司等於沒上司。

國立大學教職員的法定退休年齡是六十三歲，所以我那時離退休年紀還有將近三十年。中途幸運地升上教授，但一切都沒改變，也沒犯什麼會遭革職的錯；雖然年年加薪，卻沒做出什麼可獲評價的工作成果，要說安逸的話，還真是如此。

於是，我決定開始寫小說，試圖改變人生。因為我覺得再這樣生活下去，無法滿足自我。

究竟要先挑戰，還是先放棄？

那時的我對工作沒什麼不滿，所以也沒想要辭退教職。但就當時的薪水來說，實在很難存到資金購買一大片土地，所以我決定兼差賺外快。

也許這項經歷和一般人不太一樣，找我諮商的人幾乎都想辭掉目前的工作，而且不少人懷有夢想，在想要轉換跑道的同時，也強烈地渴望脫離現在的生活。

期待改變或許都是一樣的，但在「挑戰新事物，放棄舊事物」的交棒過程中，有著微妙的時機差異，那就是究竟要先挑戰，還是先放棄的問題。

一旦有了早點脫離現況的念頭，往往下一名跑者還沒起跑，就想趕快把棒子遞給他，是吧？然而，至少要等到下一名跑者也起跑了，讓兩人都處在同一個速度，才是最佳的交棒時機。雖然自己已經跑得上氣不接下氣，最好還是撐著多跑幾步再交棒，讓接棒的一方多做些準備，這樣會比較安全。

放棄都市生活，決定閉居鄉下

以我的情形來說，那時我並未辭職，也沒有考慮交棒。其實教職與寫小說很難兼顧，不但時間掐得很緊，也很耗費體力，但我還是以這樣的狀態撐了將近十年，直到覺得「自己年紀也大了」才放棄，而且是同時放棄這兩個工作。

後來，我決定放棄都會生活，遷居鄉下。起初老婆大人很反對，畢竟她是都市派，應該不想離開繁華熱鬧的環境。

其實我獨自遷居也行，但因為我也是在都市長大，對鄉間生活一無所知，「自己一個人真的沒問題嗎？」時間就在這樣左思右想下流逝，結果我辭去工作後約莫過了五年，總算決定遷居鄉下。

最後是因為老婆大人說了「我也一起去吧」，遷居計畫順利啟動。她做此決定的理由是覺得「狗狗們應該很開心」。於是我們初到現場，便決定是這個地方並立刻簽約，花了半年的時間蓋好房子、搬家。

我們的鄉下生活已過了十幾年，老婆大人似乎對現今的生活頗為滿意，每天都說：「這片景色真美。」顯然成了老人家。我對景色沒什麼興趣，但在庭園工作的時間倒是增加不少，待在戶外活動的時間足足是以往的十倍以上。明明是室內派的我，不知不覺居然成了戶外派。

一想到就不寒而慄的都市生活

因為持續在部落格上更新我的生活風貌（雖然只有一小部分），我收到不少這樣的回應：「我也想過這樣的生活。」

然而，我們並非一直嚮往這樣的生活，我和老婆大人從未想要逃離大城市，這一切只是偶然為之罷了。

我確實放棄了工作，放棄研究職位、也放棄當個小說家。反正我本來就不是職場強人，所以算是自然而然就變成這樣吧。

我是對於想得到的東西不斷地伸出手，而非是逃離討厭的事物，才走到現在這個境地。

不過在鄉下生活久了，就會發現都市生活令人厭惡的一面，後來仔細想想，還真的有不少「虧我還能忍受啊」的事。

住在都市時，有些事總覺得理所當然，好比垃圾要分類，然後按照指定時間丟棄，還會被守在一旁監視的老人碎唸幾句。無論去哪間店，都要擔心停車問題；不管到哪裡都要排隊、依序等候。搭電車或公車時，總是擁擠到跟別人貼得好近，天氣熱猛流汗又動彈不得。不時會從某處傳來噪音，屋子剎時震動，空氣飄著一股臭味。便利性決定價格，常會出現「離車站很近」、「附近就有很多店」之類的誇張宣傳。相信靠一堵牆就能守住個人隱私，下意識地努力想把牆壁另一側的世界抹去。自詡協調性很高的人聚在一起，強迫大家視協調性為必要禮節，就連站在電梯裡的位置都會遭人批評。

沒有要放棄的事，是因為無所期待

我現在的生活不受任何約束，每天什麼都能做，也可以什麼都不做。我住的地方沒有什麼商店街自治會，也沒有要值班的任務；要說有什麼必須忍耐，就是善變的天氣吧（不過這裡既沒有颱風，也沒有梅雨季）。

我從沒想過要放棄什麼，也會自然避開麻煩事。即使那時走到人生的十字路口，我也不覺得自己放棄了什麼。可能是我本來就無所期待吧。我對於都市這玩意兒沒什麼期待，對工作也同樣沒什麼期待，對小說家這項職業更是毫無期待。

果然，事態會演變成放棄，是因為有所期待。所以我一點都不打算「期待」，也別期待我會給大家什麼建議或人生論。總之，我是個討厭被他人寄予期待的人。

能讓夢想膨脹的只有自己

不過，觀察各式各樣的人，知道各種生存之道是件好事；從中找到自己想做的事，讓夢想因此膨脹、發展也很棒。他人的生存之道可以做為提示，但讓夢想膨脹的還是自己，而且這段膨脹的期間可以說是夢想最好玩、最有趣的時候。

而容易讓人誤會的是——期待做同樣的事，就能吟味到同樣的樂趣；再不然就是期待採取同樣的方法，也可以得到成功。

就算跟運動員穿同一雙鞋，也無法像他們跑得那麼快；即便被傳授什麼訣竅，也絕對不會跟他們一樣厲害，這就是所謂的真理。

不過，要是以「自己做不到」為藉口而放棄，又是另一種誤解。覺得似乎很有趣而想試試，那就先做吧。或許進行得不太順利，但應該多少能體會到有趣之處，這就是樂趣的本質。

比方說，觀賞電視上足球賽的孩子模仿球員射門、踢球時，感覺自己儼然是英雄，體會到的樂趣搞不好要比球員多上好幾倍。於是，這個孩子懷抱著成為足球員的夢想，進入學校的足球隊，不斷練習；雖然這段期間也很有趣，卻還是比不上最初一個人在公園踢球時快樂。這是因為加入了「辛苦練球」的時間，而之後的過程就是快樂與辛苦的反覆循環。

樂趣是朝向夢想前進的催化劑

喜歡足球的孩子長大後幸運地成為足球員，即使嘗到了「實現夢想」的歡喜滋味，接下來還是要面對一連串的苦練。而在辛苦練球的同時，也會不時想起兒時踢球的樂趣，他大概就是過著這樣的人生吧。

那麼，若要問「樂趣」何在，應該跟實現夢想時的「滿足」有點不同吧。樂趣的本質是達到滿足的一段過程，也可以解釋成是處在「不滿」的階段，或用「飢渴」一詞來表現。奮發向上、不斷前進是最充實的時候，也是毫不猶疑、相信自己的期間。

而過程中，難免會經歷幾次「放棄」。一旦設定了目標，就會形成某種分界點，有如立在道路旁的標誌，而道路依舊綿延不斷，所以達成夢想後，還是得繼續前行。不妨稍微想像一下，自己到達什麼境界會最滿足？何時會最有趣？

如果一開始決定「要達成那個目標」的時候是最快樂的，那就代表當時的你覺得有沒有達成目標、能不能做到都沒關係，光是「想要達成」這個念頭，就讓你興奮無比。

或許有不少人覺得這種心情是屬於小孩子的特權，是年輕時才能享受的體會，就因此放棄了，但真是如此嗎？

說到底，結果如何還是取決於自己，畢竟放棄的理由是「反正我做不到」。問題是，「能不能做到」與樂趣毫無關係——各位能夠理解我想強調的事嗎？

試著挑戰卻沒成功，還是很開心

似乎只有成功之人，才能暢談己身經驗，我覺得這根本是錯誤觀念。應該也要分享一下試著挑戰卻沒成功，還是覺得很開心的故事，而媒體尤其應該為這樣的偏差負責。

有許多人只聽取成功人士的經驗談，應該是因為媒體只報導這類故事吧。除此之外，可能也有許多人如果不認識、沒有近距離接觸成功人士，就根本對他們的經驗談不感興趣。

到處都有持續努力著，而且樂在其中的人，我們更應該多關注這樣的人。

不妨這麼想吧，所謂的目標和夢想，不過是類似招牌或標語之類的「言語」。

真正的目的是，自我肯定與每天得到的滿足感；真正的夢想是，只有自己能從這項經驗中感受到的「幸福」，並且以「樂在其中」來表現這份幸福感。

幸福是不能分享的東西

幸福感是無法和夥伴分享的東西，它萌生於自己的內心，無法拿取出來，也會在內心裡終結。而且很重要的一點是，就算看似吟味著同樣的樂趣，各自的滿足度也會有所差異。所以，要是想著自己和伴侶、家人、摯友在心靈上融為一體，誤會可就大了，務必要好好留意。

「什麼？無法分享？那不是很寂寞嗎？」或許有人會這麼說。的確，人是寂寞的存在，我們只是試圖忘卻這本質，而萌生出「群體」這個幻想。

因此，別存著要和大家分享幸福，而利用網路傳播的念頭，這稱不上是真正的幸福感。幻想因此得到大家的關注，想嚐嚐成為目光焦點的滋味，說穿了就是憧憬所謂的明星光環，但其實明星應該不會靠這樣的光環感受到幸福。

會產生這般誤解，是基於「言語」的緣故。剛好我們能從外部看到、接收到的都是「言語」，也就這樣被束縛、制約了。

明星們常會說些「多虧粉絲支持」、「由衷感謝大家的愛護」之類的話，粉絲也就相信偶像對自己的支持深感滿足，其實不然。明星應該是藉由肯定自己的工作表現而感到滿足，若非如此也很難躋身一流吧。

這是個充斥漂亮話的社會

有人訪問某間店的老闆，只見老闆表示：「我之所以研發新菜單，是希望能見到客人的笑容。」其實只要免費供餐，就能見到更多客人的笑容了吧。

拜媒體喜歡蒐羅小道消息，再加以大肆報導所賜，這種「漂亮話」可說是滲透大眾內心，現在就連小小孩都會像政治人物一樣（揣測大人的心情）說些好聽話。大家總是笑臉迎人、看場合發言，一副充滿人情味的友愛模樣，殊不知說出來的都不是真心話，只是抱著「想討好對方」的心態，往往表現得過於直白而令人厭煩。小孩也會盤算著「當個好孩子不但會被誇獎，對自己也有利」。

這個現象在網路社會尤其明顯。雖說現實社會也是如此，但在網路上更會先搬出「漂亮話」，然後再送往迎來、應酬一番。

好比說出自己的夢想，別人要是按讚就很滿足，那滿足之後又如何呢？是就此不再前進？還是別人的按讚反倒對自己形成了壓力？

就我的觀察是以前者居多，而且占七成左右吧。至於反倒成了壓力的三成，因為不再沉迷網路世界，再次確認自己原本的夢想為何，反而能以此為轉機，朝著對自己更有益的方向發展。

利用社群媒體圓夢的擬真體驗

約莫十五年前的網路世界，是個讓許多人孕育夢想的地方，而不是像現在這樣成了是非之地。人們眼見網路世界發展蓬勃，於是大舉參與，結果讓這裡變成與現實世界無異，甚至更糟糕的地方。這個分歧點就發生在十五年前左右，正是智慧型手機登場，社群媒體也廣為普及的時期。

我使用網路的資歷大約三十年，前半段的十五年可說是蒙受其惠，後面十五年則選擇沉默以對，直到如今。決定沉默以對，是因為判斷弊遠大於利，說是「放棄網路世界」也行。

不過，也可以採用另一種觀點看待網路世界。社群媒體在夢想的初期階段，可以讓人得到圓夢的擬真體驗，不妨把它想像成所謂的虛擬實境。

好比只是發表一點作品，就能領略到成為藝術家的感覺；利用社群媒體發表小說，還能感受到讀者最直接的反應。這絕非壞事，這樣的網路環境也還算平和。

問題是，這麼做只是自我滿足，根本無法和真正的藝術家、小說家相提並論，說是完全不同層級也不為過。至少解析度一降低，就無法體會到真正的充實感。即便如此，若還是沉醉其中，也只能尊重個人感受了。這就像勸誡沉迷於遊戲的人：「這不是現實世界喔！」只是對牛彈琴罷了。

✕ 從主流當道轉變成個人取向

現代社會就是許多事物都能容易取得、輕鬆體驗。「每一個都能馬上讓你感受到樂趣喔！請拿起來體驗一下。」不必走一趟店家，各種產品就會蜂湧而至來到眼前，我們也就不自覺地想要伸手體驗看看。

以往只是少數人喜歡，要在為數不多的專賣店才能買到的東西，到了這個時代也變成店家會蒐羅個人情資，將商品主動湊近消費者，真可說是「即食社會」，對吧？就連「鄉間生活」也被商人謳歌成「圓夢計畫」，儼然成了一種潮流商機。

會從主流產品才有商機可言的時代，轉變成個人小眾取向的時代，是因為整個社會變得豐富多采，主流商品流通無阻的關係。因此想要創造商機，就必須更深入探尋個人欲求、了解個人取向。

各種商品不僅容易取得，價格還比以往便宜，這主要是因為資訊、生產、流通等方面不再需要投入大筆金錢，可說是社會本身的經濟體系趨於合理化的結果。

大家都變得不想創造，只想挑選

那麼，在如此美好的景象背後，有什麼是被迫中斷、失去、遺忘的呢？那就是「自我風格」。

就算再怎麼講求個人取向，商品還是需要一定程度的共通化與單純化。就像類比進階成數位，即便各種規格齊備，還是無法填補各階段之間的差距，所以必須四捨五入以求取概數。雖然原則上是希望用各自的方式補足，無奈大眾已經習慣這樣的數位解析度，還是會配合既有的事物來形塑自我風格。

去趟UNIQLO就能挑選各種顏色的襯衫，無論蠟筆或色鉛筆，也總是標榜一盒裡面有許多顏色。一旦習慣這樣的狀態，就會忘了混合顏色，進而創造專屬於自己的顏色。倘若連這種發想都沒有了，一切事物就會逐漸同質化。

最後的結果，就是「自我風格」消失了，而這個世間還會親切地告訴你：「沒有那種顏色，你只能放棄。」

即使覺得不太對勁，也會因為已經養成輕易放棄的習慣，於是不再探究。比起「挑選」顏色，「創造」顏色可是麻煩多了，不但花錢、費時，而且容易失敗，所以大家都變得不想創造，只想挑選。

人們失去了接近「自己」所想的思考力

╳

人們因而真正失去的，是為了創造專屬於自己的顏色所必備的人類「感知」，也就是探究、判別差異，以及考量有哪裡需要加強、該怎麼做才能接近「自己」所想的思考力。

我們往往是在不知不覺中，自然地被迫放棄，而不是自己選擇放棄。

有不少人滿足於這樣的狀態，頂多是偶爾覺得不太對勁、有點疑惑罷了。但隨著不對勁的感覺越發強烈，衍生出來的不滿也會逐漸囤積。

於是，當某天遇到擁有「自我風格」的人，或許會大為訝異：「咦？有這樣的顏色嗎？」當然，要是沒機會遇到的話，也就不會察覺了。然而，那是屬於那個人的顏色，所以就算詢問：「這顏色是在哪裡買的？」「如何才能創造出這顏色？」也毫無意義，因為那不是你自己的顏色。就算你以為這是自己真正喜歡的顏色，那也只是展示間裡成排的顏色樣本中新增的一種罷了。

╳ 如何發現專屬於自己的顏色？

我先說結論吧。也就是說，只要放棄從既有的事物中找出自己的顏色，就能發現專屬於自己的顏色，因為自己的顏色只能靠自己創造。

此外，也不必每天將創造顏色的過程在社群上發布，「覺得這顏色如何？」像這樣徵詢別人的意見。培養出自我判斷的眼光，才是創造顏色的能力所需的本質。

為了獲取新事物，勢必得放棄什麼，而這項新事物從小就一直沉眠在你心中，所以你必須先想起來，從內心裡掏出來，在這個現實世界將它具體化，這個行為就稱為「創造」。

放棄「沒錢」、「沒時間」的藉口

要趨近夢想，有許多必須放棄的東西，像是辯稱自己無法實現夢想的各種藉口——「沒錢」、「沒時間」或者「周遭的人無法理解」，再不然就是「自己沒這種能力」等。

那要怎麼做，才能「放棄」這些藉口呢？

具體的方法就是審視自己。只要好好思考，這一點任誰都能做到。

如果「沒錢」，就想想自己都把錢用到哪兒去，然後放棄這麼做。倘若是用來交際應酬、賭博或外食、裝扮，就全都放棄吧。

要是「沒時間」，就好好檢視自己如何使用時間吧。別把時間用來看電視、和朋友聊天、滑手機，應該就能輕易留出不少空檔。

把金錢和時間耗費在這些事物上的人，還算是很幸運的，畢竟放棄的事物都在手邊，金錢和時間也還不至於匱乏，仍處在「有餘裕」的狀態。

放棄「不被理解」、「沒有能力」的藉口

如果「得不到周遭人們的理解」，那就放棄得到理解，便能立刻解決問題。不過，要是怎麼樣也無法放棄，就試著花點時間說服吧。

如果是自己真正想做的事，這番說服也是通往夢想之路的必要活動，應該能從中感受到樂趣。倘若你的熱情貨真價實，想必就能獲得理解。

要是怎麼樣都說服不了，也只有放棄這個人了。對方只是無法理解，不見得反對你、抵制你。畢竟每個人都有權利做自己喜歡的事，對於和自己沒有利害關係的人，反對和抵制都是違法的；要是彼此有利害關係，也只能合法地放棄這份關係。

最麻煩的狀況是，以「自己沒有能力」做為放棄的理由。這或許是一種執念，必須好好審視、衡量；即便現在沒什麼能力，或許也有花點時間就能提升能力的方

法。實現夢想時，不但要確認必須有哪些能力，對於不足之處還要想好替代方案，有時候甚至要借助他人之力才能完成，而且多半是用錢才能解決的狀況，需要另謀他法來處理資金增加的問題。

藉由分析「夢想」，探尋另一條路

比方說，希望成為絕世美人（當然不問性別）的人，或許覺得就算拜託別人，也無法實現這個夢想。畢竟靠自己打磨、雕琢有其限度，就算動了整形手術，也難保不會和理想有所落差。

這時，不妨試著分析這個夢想，思考自己為什麼要成為絕世美人。是想滿懷信心地攬鏡自照，看看自己的模樣嗎？若是如此，或許可以利用虛擬實境實現這個夢想，獨自陶醉地注視著，吟味箇中幸福。

若是想讓周遭的人羨慕你是個美人，也是利用虛擬實境就能實現吧。總之只要肯去尋找，一定能發現圓夢的方法。

再者，如果目的是想在成為美人後做些什麼，變成美人也就只是一種方法，還能想到其他方法達成這個目的吧。例如，希望成為美人是因為想跟某人的關係變好，那麼就算不是美人，應該也還有許多促進彼此關係的方法。

許多的夢想和欲望只要經過這樣的探究，就會挖掘出自己也很難察覺的其他目的。建議你不要執著於「只想成為美人」，而是好好分析自己的動機，說不定就會乾脆地「放棄」。

光說不練就很滿足的人

明明有夢想卻不去追求，成天光說不練，只是把夢想像海報一樣貼在牆上每天欣賞，這樣的人又如何呢？

事實上，這種例子還真不少，就某種意思來說，就是滿足於現狀，不想再更進一步。

我年輕時有個超迷偶像的朋友，他很認真地說，自己的夢想就是跟偶像結婚。然而，他的實際行動就是參加演唱會、買周邊商品，當個死忠粉絲。即使被周遭的人嘲笑：「你不是真心想跟偶像結婚嗎？」我這朋友還強力宣告：「我是真的、真的這麼想。」

當然，他的夢想並沒有實現。偶像結婚的時候，我問他感覺如何，他說「打擊超大的」，但似乎沒有很沮喪。後來他也結婚了，而且建立幸福的家庭。

人心實在很難捉摸，就連自己也很難明白自己的心。即便搬出「真心」、「認真」等說詞，也無法測知究竟到達什麼樣的程度。

「可以放棄」是一張優勢王牌

客觀來看，「夢想」的強度，只能靠這個人採取什麼樣的行動來判斷。至於是什麼行動呢？也就是為了趨近夢想而設定具體的方法與排程，並且能加以檢討、說明當前的進度。

簡單來說，就像是「實現率」之類的東西吧。

要是寫成報告，就能做出某種程度的判別；如果無法具體成形、向別人說明，那就只是有此念頭，根本沒有落實。

對於不存在於現實的東西，「放棄」便毫無意義。放棄也行、維持現況也好，要選哪一個都沒什麼問題。或許當事人會在意，但對於周遭、社會都毫無影響。

當實現率達到某個程度的數字，就有了需要「放棄」的東西，以及因為放棄而得到的東西。所以，為了得到有益的「放棄」，取得一些具體進展是有意義的，一旦要應對突發狀況，光是握有「可以放棄」這張「王牌」，就是一項優勢。

冷靜與多重觀點是必備利器

×

帶有如此實質意義的「放棄」，可以有效達成目的，所以最好隨時抱持著「有什麼可以放棄？」的意識。這種帶有緊張感的姿態，是追求目的時必備的要素。

當企劃停滯不前、公司出現經營危機，往往要迎接新的領導者到來，進而重擬方針、尋求擺脫困境的策略。在這種處境下，要是還不想想都到這地步了，應該要「放棄什麼」，無疑是缺乏危機意識。

待在組織內部的人很難客觀看待自己，而且往往因為了解內情，就會設法避開麻煩事，要是事關自己就更不用說了。我一直都是這樣的；反正我已經夠努力了；好歹那時我忍下來了，現在這樣也不為過吧……就像這樣拚命自我安慰。這時，唯有「道理」與「數字」能夠預防這種狀況。雖然不太容易做到，但「冷靜」與「多重觀點」的確是必備利器。

那麼，如何才能冷靜地以多重觀點看待事物呢？

基本上，這個問題毫無意義，必須要自己動腦思考，而且要不時自我惕勵，長此以往，就會在不知不覺中具備這樣的能力。

Chapter 8

不對他人有所期待的生存之道

他者に期待しない生き方

我的人格特質就是不對別人抱持期待、不求別人的理解，
也不會想要別人做這做那，只要做他喜歡的事就行了。所以相對地，別人也不要管我。
我們家都是依循各自的生活步調作息，
比起所謂的「羈絆」，我們更尊重彼此的自由，
這就是我們家的「愛」，或許也可說是一種「羈絆」吧。

乾脆放棄，還是執著到底？

相信不少人都覺得過於執著的模樣，實在不太體面。尤其是發生一點衝突時，可以乾脆退讓的人都會被稱為紳士、淑女，也被視為很有個性。之所以有著凡事都能乾脆放棄的爽快性格，是因為他們有著能控制自我的理性。

反觀凡事執著的人也會被讚揚，而且是以「執著才能成功」的事蹟為前提。例如人氣店家的暢銷商品總是標榜「堅持美味」，留給感興趣的人執著熱情的印象。

這無關好壞、對錯，端視情況而定。該放棄時，就乾脆放棄；該執著時，要執著到底。「乾脆」、「到底」這些副詞表現出了兩種態度的真髓，不過，這並非是放棄或執著的問題。

研究者和小說家都是很執著的職業

雖然我奉行「凡事不執著」為信條，但這是因為我是個很執著的傢伙，要是就這樣擱著不管，肯定會越來越死心眼。所以不時提醒自己「別太執著」，算是均衡一下脾性。

我從事研究工作時，因為有必須思考的課題，要是無法解決就會睡不著覺，一直拚命思考，所以廢寢忘食乃是家常便飯。有時遇到適合這種脾性的工作，周遭的人也給予支持，做起來得心應手；但要是碰上不適合的工作，也有可能與周遭的人爆發衝突，變得窒礙難行，而遇到這種情形時，就會想著要怎麼改改自己的脾性。

即使成了小說家，我也幾乎沒變。幸好這份工作不需要和他人同步共事，所以想堅持的地方就可以執著，自己擬定計畫，一切按照自己所想的進行。

就這個意思來說，小說家可以說是比研究者更獨立、更個人的職業，唯一要協商的對象就是責任編輯。

我不憧憬成為有錢人

我並不憧憬小說家這項職業，因為已經有足夠的固定收入維持生活，就算闖不出一番成就，也沒什麼可以失去，立場就是如此輕鬆。我的寫作條件就是寫自己想寫的東西，而且幸運的是，或許是像我這樣不顧慮周遭反應的小說家蠻少見的，所以書一直賣得還不錯，就這樣直到現在。

總之，什麼都沒有改變。賺到一大筆錢之後，我就只是按照最初的目的買了一塊地鋪設鐵道，圓了自己的夢想。生活上也毫無變化，我的家人還是一如既往，沒開趴、沒外食，也沒買衣服、沒投資，錢就這麼存了下來——應該說，是沒有需要花錢的地方。我們本來就不期待過著豪奢生活，所以從未想像、也沒做過準備。

比起羈絆，更尊重彼此的自由

年輕時的我很討厭出鋒頭，也不愛跟一大群人相處，只想獨自靜靜地做模型、玩飛機玩具。我對異性也不太感興趣，算是少見的怪胎吧，但還是和女生約會過幾次，只是遇不到動心的對象。唯獨我十八歲時遇見的那個女孩，讓我覺得有點與眾不同，所以對她很感興趣。

我們第三次見面時，我向她求婚，她點頭答應了。這位女孩就是我的老婆大人，雖然我們無論個性或嗜好都完全不同，說起話來也不投契，卻在一起生活了大約四十五年。我們的唯一共通點就是對金錢不感興趣，只想做自己喜歡的事。

其實，我從未夢想建立自己的家庭，對婚姻也不抱任何期待。老婆大人說她不喜歡小孩，我回答我也是，所以不必生孩子；不下廚也沒關係，而且我嫌洗碗很麻煩，還提議用紙盤、紙杯就行了。

沒想到一切都沒照原本的計畫走，她每天料理餐食讓我享用，我們也有了兩個孩子，現在都是三十幾歲的成年人了。

我想養狗，但她喜歡貓、討厭狗，現在卻比我更愛狗。狗兒比孩子更好管控，所以多少可以期待吧。

我的人格特質就是不對別人抱持期待、不求別人的理解，也不會想要別人做這做那，只要做他喜歡的事就行了。所以相對地，別人也不要管我。

我們家都是按照各自習慣的時間起床，依循個人的生活步調作息，真要說有什麼要求，頂多就是在月曆上寫下自己什麼時候出門。

我們之間沒有什麼家人的「羈絆」。比起這種事，我們更尊重彼此的自由，這就是我們家的「愛」，或許也可以說是一種「羈絆」吧。

期待越高，放棄也變得更沉重

許多的「放棄」都是由期待而生，期待越高，因為不得不放棄所感受到的失落也越沉重。雖說期待是自己的欲望，但尤其是對於他人的期待，往往會出現偏差。畢竟對方有對方的生存方式，彼此是截然不同的個體；即便是血脈相連的近親，也不是同一個人，更何況是毫無血緣關係的人。明明如此，我們卻總是對他人過度期待，這應該是每個人都需要重新省思的問題。

一旦起了爭執，就很容易背叛期待，即便感情再要好，也會因此生變。正因為彼此有關係才會起爭執；正因為相互期待，才會夢想著自己渴望的回報，結果卻終究得放棄這樣的幻想。

有人可能會反駁，相互期待不正是基於「愛」嗎？或許是如此，但也有不是這樣的「愛」。自己的想像、世人普遍的認知都不一定是「正確的」，認同這世上有各種事物、各種存在，才是「正確」的理解。

「理解」並非同調，也不是喜歡

不少日本人都深信「道不同，不相為謀」這道理，長期受此支配，所以少數派只能隱身角落。然而，這說法並不適用於現世，有許多外國人來到日本，所以當前是個必須接受、認同各種思想與文化的社會。

說出自己的想法，要是和對方有所差異就進行討論；雖然就算討論了，往往也無法改變彼此的想法，但多少還是會造成影響吧。此外，明白還有不同的觀點也是一大價值。唯有認識對方、理解對方，接納不一樣的觀點，才能真正尊重對方，這世上一定還有很多想法和自己不同，而且十分厲害、值得尊敬的人。

「我要尋找和自己想法一樣的人。」勸你還是早點放棄這愚蠢的念頭吧。即使思考的是同一件事，個人好惡又是另一個問題。再者，就算當下彼此看法相同，也許過了一段時間又不一樣了，也是很自然的事。

所謂的「理解」並非同調，也不是喜歡，所以最好還是放棄這般單純的觀念。畢竟這種觀念是出於情感，而試圖用情感解決一切是很危險的，到頭來一旦損及人際關係，蒙受其害的還是自己。

幻想靠網路社會建立連結

隨著網路普及，更便於拓展人際關係，人們也就期待著能找到理解自己的人。過往受限於情報不夠流通，要找個志趣相投的人並不容易，就算找到了，也只能靠見面、信件和電話聯絡，彼此的時間還要配合得上；而隨著認識的人增加，就更不好安排和處理了。不過，為了見面而做足準備，這樣的交流說不定才會聊得更深入、更盡興。

現在的孩子則是輕輕鬆鬆就能「連結」。面對「社會」時也是，他們錯覺自己已經拓展了眼界，也就渴求更多的「連結」，滿腦子「想和別人有所聯繫」。

不少人都期待藉由「連結」而取得利益、安定心神，這份「期待」確實可能實現，但當然也可能落空，因為有時候會冒出各種麻煩事，像是「誹謗、中傷」、「霸凌」或「詐欺」等。網路世界的負面影響一向深受關注，所以別忘了，這裡其實與現實社會無異，過度期待而招致弊病，無論在現實社會或網路世界都是如出一轍。

一旦受人信賴，就有讓人幻滅的一天

當然，不僅是網路世界，面對實際的人際關係也要學會「不期待」，亦即一開始就要和「放棄」打交道。我常想，這才應該是「與人往來的訣竅」吧。「變得親密」的意思相當接近於「期待」，「可靠」也是如此，「贏得信賴」也幾乎和「被期待」畫上等號。

若是成為「受到信賴的人」，並沒有什麼問題，這代表你做到了最基本的遵守約定，體察對方的心情而行動，或是有了超乎對方期望的表現等。此外，受到信賴不但與工作息息相關，對於增進人際關係、家族情誼也很重要。

然而，一旦成為被期待的人，周遭可能會對你抱以過度期待，一旦交出不如預期的成果，恐怕就會被說成是「辜負期待」。總之，期待就是會招致這樣的麻煩。

要是能清楚切割，不去理會別人任意加諸在自己身上的期待，問題就不會擴大。

我之所以本能地討厭別人對我寄予厚望，就是因為有很多傢伙，都是擅自對別人有所期待，又任性地對別人失望，而我只想遠離這種麻煩。

不期不待，不受傷害

要防止別人對自己有所期待可能很難，除了明確告知對方「希望你不要對我有所期待」，別無他法。不過，自己對別人的期待是可以掌控的，所以無論如何，都不要對別人有所期待。

我們很容易無意識地對別人有所期待，所以更應該時時提醒自己，不要對別人寄予厚望。

面對喜愛的人或是有血緣關係的人，總會不自覺地有所期待。好比對自己的孩子、對自己信賴的人有所期待，而這份期待也會自然而然地高漲。

當你對別人的言行有所不滿，不妨冷靜一下，回想看看自己為什麼會生氣？不就是因為對對方有所期待，而任性地希望對方這樣、那樣嗎？

我們難免都會對自己的孩子發脾氣，有時候這情形會被稱為「教養」。畢竟是自己的孩了，當然會有所期待，所以要是孩子違背自己的意思就會生氣。

如果能心平氣和地「指正」、「教導」當然最好，但要是「怒不可遏」就必須注意，這可是危險的徵兆。

教養有其必要，但別過度期待效果

面對孩子的教養問題，父母最常脫口而出的就是：「這是為了孩子著想。」或許在這樣的「教導」之下，孩子會如你期待的成長，但就算沒有這樣的「教導」，他們也可能具備成為好孩子的素質。總之，兩種狀況都沒有明確的佐證。

以狗兒為例，要是無法依照「停下來」的指示而確實停下腳步，便無法避開危險；不只是對狗兒本身，對物體、人類恐怕都會造成莫大損害。所以當狗兒還是幼犬時，或許有必要以喝叱方式迫使牠心生畏懼、記住教訓。畢竟我們無法用言語和狗兒溝通，即便狗兒長大後也無法教牠道理，所以這應該算是「為了狗兒著想」的「教養」方式，對吧？

由此看來，即便是面對人類，也最好一開始就做好某種程度的「放棄」準備。

說得直白一點，光靠教養無法提升能力，也成為不了好人，只是在某些時候會懂得退一步，裝成是好人的樣子罷了。

對於這般所謂的「教養」行為寄予厚望的人，也就深信別人會照他所說的去做，單方面地約束對方「這麼做、那麼做」，要是對方不聽，又會開口斥責。

以暴力控制別人在以往或許不足為奇，但現在這是違法行為，也就是犯罪；至於以金錢控制別人就有模糊地帶了（有合法與非法之分）。

你是為了人們的「按讚」而活嗎？

還有一種情形，並非是對特定的個人寄予期待，而是隱約會對周遭的人們有所期待。尤其在現今的網路社會，這般現象格外顯著，即便多是一些雞毛蒜皮的事，好比「要是能受人注目就好了」這般心態。大家應該會覺得這麼想很尋常、也沒什麼不好，對吧？

問題是，這種情感會不知不覺地膨脹，比起自己想做的事、想樂在其中的事，反而更想受到周遭人們的注目，這種有點衝過頭的例子不在少數。

比方說，吃了什麼、買了什麼，就立刻拍照上傳秀給大家看，像是為了博得周遭人們的「按讚」而活。只能說這也是一種個人的興趣吧，但那真是自己喜歡吃的食物、自己想買的東西嗎？

現在是X、IG等社群媒體當道，以前則是部落格，很多人都以每天寫文、貼文為樂。工作上也是，不少人會每天上網報告工作進度，這的確可以做為同好間的參考，但後來卻不知不覺變成只做那些可以上傳分享的工作。一旦養成想引人注目的習慣，就會無意識地選擇適合秀給別人看的東西，像是光鮮亮麗、廣受接納、淺顯易懂的內容，或是短期間會產生變化、大家會覺得驚訝的事物等。

然而，這世上還有更為深沉、質樸而難以理解的事物，也有無法立竿見影、持之以恆才會找出活路的事物。

無法使用手機時，你想做什麼？

我本來就不是專注於單一作業的人，對於感興趣的工作也是如此，所以手邊總有二十項左右的企劃同時進行，其中還有擱置了大約一年的案子。所以我就算每天在部落格寫些自己正在做的事，別人也看不懂，因為大家通常想看的是循序漸進、一直線的工作過程。

即便我把每天想到的東西原原本本寫成文章，對讀者來說也很無趣。讀者喜歡的是像小說那樣首尾連貫、有起承轉合，情節依序展開的內容，要的就是這般「淺顯易懂」。

然而，人的思路可不是一直線，不可能持續思考同一個主題，所以絕對不會有什麼「我是專門思考這個」的說法，因為任誰都是每天不停地在思考各種事。

X社群的用戶會如此普及，或許就是因為它「放棄」了一貫性、故事性吧。但這種沒有「脈絡」可循的模式，也使得用戶不會集結起來長期關注某個對象，而其他社群媒體則可以補足這一點。

總之，現代人罹患了「想與人有所連結」的症候群，所以無法關掉手機。從前很流行問一個問題：「去無人島時你想帶什麼？」而現代人應該會這樣回答吧——「當然是手機啊！」那麼，現在這個問題或許該改成：「無法使用手機時，你想做什麼？」

夢想就一直是夢想，這樣好嗎？

╳

聆聽別人述說自己的「夢想」時，我會感受到他的「夢想」中含有「對別人的期待」，也會覺得他要是「放棄」這種期待，不就可以輕易實現夢想了嗎？

問題是，這份「對別人的期待」其實是這個人的「夢想」的本質，所以「放棄」是他最不想碰觸的選項。要是這樣也沒辦法，只有祝福他，繼續保有這份期待也不錯啦，加油，不要放棄。

但在同時，我也有個疑問：那個人真的希望實現夢想嗎？也許他只是懵懂地描繪夢想，就已經充分享受到「樂趣」。這完全沒錯，但我只是想說，既然如此就不必找我諮商啊。

都市生活是一種依賴他人的裝置？

╳

關於「最好不要對他人有所期待」，最後我想再提的一點，就是「都市生活」。

怎麼說呢？所謂的都市，是一種依賴他人的裝置。都市生活和網路社會透過同樣的機制，擴增了我們對他人的期待。甚至可以說，聚集於都市的是一群無法放棄他人的人。

我想有人會反駁這說法：「剛好相反吧，應該是住在鄉下的人連結比較緊密，生活共同體的感覺也更強烈，不是嗎？都市生活根本是為了方便個人生活而建構的機制。」

這麼說也不無道理，都市生活確實有著這一面。因為我是個不喜歡跟人往來，奉行個人主義的怪人，所以要是獨居，絕對會住在都市，都市生活是一種不一定要和鄰里交流，不必對話就能買到東西的生活型態。例如，要是在語言不通的地方生活，絕對會變成都市派；反觀要是住在鄉下，不與人交流可就是攸關死活的問題。

╳ 都市的環境讓人有所期待

那麼，為何在都市可以實現這樣的個人主義呢？這是因為機械與制度取代了人類而給予援助。好比搭乘電車就能移動到任何地方，超商與超市的商品可以自行拿取，就算不做飯也能隨時吃到各種美食。說穿了就是只要有錢，什麼事都能為你效勞的機制，這就是都市。

舉個極端點的例子，像水電、瓦斯之類也是都市這個裝置的機能，然而這些機能只是排除了與人面對面溝通的麻煩，卻沒有改變依賴他人的事實。換句話說，都市是一個對周遭裝置有所期待的結構體。

因此，光是電車誤點、停駛就會引發莫大問題，因為很多人對電車有所期待。積雪過深造成的交通大亂也是，因為人們對公共道路有所期待。媒體也曾報導，新冠疫情導致餐廳營業時間被迫縮短，結束工作的上班族頓時成了「晚餐難民」；颱風淹水導致大樓停電，也會引發不小騷動。

在鄉下的話，要是電車停駛，自己開車就行了；如果下雪，大家只要鏟雪即可。餐館沒有營業，那就自己煮食吧；反正停電是常有的事，鄉下人早已見怪不怪。由此可見，都市人有多麼期待、依賴他人，正因為對環境有期待、有執念，才會氣得抗議：「發生這種事會破壞此地給人的印象。」「大樓的價值會被拉低。」這種心態就是期待太高，根本無法放棄。

這就是「放棄的奧秘」

依賴他人、期待他人並非壞事，畢竟人類要是不這麼做，就無法生存下去，這是不爭的事實。社會是本著依賴他人而成立的，千萬不能忘記這般狀況與關連性，一旦周遭都變成了「裝置」，在彼此不必打照面的情形下，就會忘了他人的存在，這是都市生活令人憂心的一點。

無論生活在都市或鄉下，明白自己有多麼依賴他人、期待他人，是非常重要的事。要是有此自覺，一旦失去這樣的期待時，就能乾脆放棄、明確應對。

所謂放棄的能力，就是能立刻輕易地移動到下一個步驟。遲遲無法放棄的那段時間，只會延遲判斷，來不及為新事物做好準備。

歸根究柢，固執可以說是人們無法放棄的主要原因。

因此，平常就要以俯瞰的角度觀察自己的處境，做好能夠客觀判斷的心理準備。而為此必需的條件，就是悲觀的預測和柔軟的思考。

這就是「放棄的奧秘」。

後記

放棄不等於失去，也不是認輸

「放棄」是一種策略

放棄不等於失去，也不是認輸。

我認為放棄並非是那麼消極的判斷，而是在前置階段，也就是事情發生之前，先行「理解、識別」。

藉由客觀地認知自己的能力與周遭的環境，省去無謂的心力與勞力付出，反而是一記求贏的策略。

或許有人會不以為然地反駁：「根本是因為不想輸，所以才不敢戰。」質疑這麼做是「缺乏勇氣」。然而，正是不希望有人犧牲受害，所以才迴避戰爭，這是維持「和平」的基本方針。而這時的放棄，堪稱是不折不扣的正義，不是嗎？

只要肯動腦想，就能寫得出什麼

我已經寫了二十本像本書這樣的知識性讀物（這是第二十一本），幾乎都是出版社的編輯委託我「寫一本關於這個主題的書」。

雖然編輯希望我寫些具體的「方法」，但我寫的大抵不是「方法」，而是抽象的「概念」與「方針」，或是「心理準備」；就算有方法，也只是「思考方法」。這是為什麼呢？因為本來就不存在什麼具體「方法」。寫具體方法的書多的是，而這個「多」就是沒有正確答案的證據。

至於委託的主題，我從未想過「這主題沒辦法寫」，無論是什麼樣的主題，只要肯動腦想，就能寫得出什麼吧。雖然寫文章很麻煩，但這畢竟是工作，況且思考要比書寫更有趣幾分。

於是，我邊思考邊寫，仔細地把我想到的東西寫成文章。在這過程中，我往往會突然迸出一些想法，連自己都覺得很有趣。

如果不放棄，就無法輸出

另一方面，我又常會放棄地心想：「反正這麼寫也沒人看得懂吧。」這恐怕是筆耕之人一定會有的心態。

「看得懂」這說法包含了「贊成」、「理解」與「知道」等各種層級，當然我自己知道，不可能百分之百清楚傳達意思，即便如此還是得寫成文章。不只因為這是工作，也是因為要是不放棄，就無法輸出。

要是對自己寫的東西過於執著，就會成為遲遲無法放手、交稿的作者。一旦追求完美，就會陷入偏執狀態，藝術家性格的人尤其有此傾向。

完美的東西確實很棒，不難想像寫出這樣的東西時會有多高興。

然而，人類會逐漸改變（樂觀一點的說法就是成長），書寫的期間也會出現變化，所以一開始寫的和最後寫的勢必大不相同，在這種狀態下，又怎麼可能會有完美的東西。

存在於世的作品，都是放棄的產物

以我的情形來說，一天工作兩小時（對我來說是超時工作）可以寫出一萬兩千字，以這本書的文字量來計算，一週就可以完成。然後我會先擱置一下，再重新瀏覽、修改文章，這項作業也是大概要花上一週的時間。

完成這些作業後，我會立刻用電子郵件寄給編輯，然後就是在閱讀校稿的同時，參考校對人員的建議稍加修改；接著再校正一遍，一本書就這樣完成了。

隔一段時間再看自己寫的東西，通常會覺得「有點不太一樣耶」，但我會「放棄」修改，接受寫作當時我就是這麼想的結果。要是不這麼做，作品就永遠沒有完成的一天；而沒有完成，基本上就等於沒有輸出。

存在於世的作品，都是作者決定放棄什麼的結果，要是不放棄，就無法公諸於世，只有被埋沒的份兒，這和從未存在是一樣的。

或許像聖家堂那樣也不錯，只有一直蓋下去了。明明作者都不在世上了，卻還沒完成，應該說在完成途中就逐漸劣化了。我不是說這樣不行，只是覺得聖家堂根本還沒出現在這世上。

從一開始就放棄「影響讀者」

藉由這本書，多少讓我理解了一件事，那就是即使我輸出自己的想法，也不會否定其他想法。「你的想法有誤，還是重新想想比較好。」我不會這麼寫，只是寫些自己是這麼做、這麼想的事，因為我從一開始就放棄影響他人。

所以，閱讀這本書，要怎麼做、怎麼想，取決於你自己。不，不用特意決定也沒關係，一切自由，想怎樣就怎樣。

我再強調一次，重要的是接受不一樣的事物，不要期待別人和自己一樣。

明明已經徹底放棄人生

關於前言提到的小屋，二〇二〇年十二月已經完工，現在從書房窗戶望出去就能瞧見。我每天一邊努力施工、一邊寫小說，二〇二一年初便開始寫這本書。

我的寫作時間大抵是從秋天到冬季，利用無法長時間待在戶外的時節寫作。我的工作從未間斷，所以每天都是車庫與工作室來來去去。因為完成的東西目前都是

屬於我的，需要一處大到出奇的空間存放，每當空間不足時，就只好搬遷、增建。眼看就快瀕臨極限了，真叫人頭痛，也就不能製作太大的東西。

該說是從小的夢想嗎？我當時想做的事大抵都做了，所以沒什麼遺憾，現在想做的事倒是源源不絕。明明已經徹底放棄人生，還是每天健康地活動著，不免有些心虛。

二〇二〇年，我買了一輛車齡約六十年的古董車，雖然檢修一番後還能開，但因為隨時可能拋錨，所以老婆大人始終不賞光，我只好載著愛犬，獨自開車兜風。為了應付隨時會故障的窘境，我總是做好萬全準備才出門（譬如帶著抗寒的衣服、食物等）。這輛古董車買來已經超過半年，開了好幾千公里，變速越來越不靈敏，累積著各種小毛病。前幾天我才換機油，除了剎車器嘰嘰作響，雨天沒辦法開出去，暖氣功能至少要運轉五分鐘以上才會發揮效用，沒什麼太大的問題。

要是我一開始就放棄、不期待，或許它就會出乎意料地回應我的期待吧。

所以，請別對我有任何期待。

放棄森博嗣吧。

Soulmate 17

放棄的價值

放棄不等於失去，也不是認輸。
藉此重新審視自我、省去無謂的期待與付出，反而是求贏避險的策略。

作者　森博嗣
譯者　楊明綺

責任編輯　郭玢玢
美術設計　井十二設計研究室
總編輯　郭玢玢

出版　仲間出版／遠足文化事業股份有限公司
發行　遠足文化事業股份有限公司（讀書共和國出版集團）

地址　新北市（231）新店區民權路108-2號9樓
郵撥帳號　19504465／遠足文化事業股份有限公司
電話　02-2218-1417

電子信箱　service@bookrep.com.tw
網站　www.bookrep.com.tw

法律顧問　華洋法律事務所／蘇文生律師
印製　通南彩印股份有限公司

定價　NT$360
初版一刷　2023/12

ISBN　978-626-97770-7-5（平裝）
ISBN　978-626-97770-8-2（EPUB）
ISBN　978-626-97770-9-9（PDF）

放棄的價值
放棄不等於失去，也不是認輸。
藉此重新審視自我、省去無謂的期待與付出，
反而是求贏避險的策略。

森博嗣著；楊明綺譯
—初版—新北市：仲間出版
遠足文化事業股份有限公司 2023.12
240 面；14.8 × 21 公分（Soulmate；17）

ISBN　978-626-97770-7-5（平裝）
1. 人生哲學　2. 自我實現

191.9
112021000